Kurt Tepperwein

Autogenes Training

AF194084

Kurt Tepperwein

Autogenes
Training

Kopf frei machen
und Ängste, Sorgen
und Stress abbauen

1. Auflage 2020
© IAW Anstalt, Vaduz

www.iadw.com

ISBN: 978-3-7519-2090-2

Die Deutsche Nationalbibliothek verzeichnet diese Publikation
in der Deutschen Nationalbibliografie; detaillierte bibliografische Daten
sind im Internet über www.dnb.de abrufbar.

Umschlaggestaltung, Innenlayout und Satz: www.layART.li
Umschlagmotiv und Illustrationen: © fotolia/Suifoto
Logo: © fotolia/m-Studio, Inhalt: © fotolia/ caraman

Herstellung und Verlag: BoD – Books on Demand, Norderstedt
Made in Germany

Internationale Akademie der Wissenschaften (IAW) Anstalt,
FL-9490 Vaduz, Tel. +423/233 12 12, Fax +423/233 12 14

Inhaltsverzeichnis

Autogenes Training ist wie eine
Dusche unter einem Wasserfall.
Es erfrischt das Gemüt, erhellt
das Herz, öffnet die Sinne
und belebt Körper, Geist und Seele.

Vorwort

Die Anwendung von Autogenem Training (AT) ist nicht nur zeitgemäß, diese einzigartige Entspannungsmethode ist aktuell wie nie zuvor. Heute, fast ein Jahrhundert nach seiner Entwicklung, erfährt das Autogene Training eine Renaissance, seine Technik lässt viele, immer wieder neu kreierte Methoden ganz schön alt aussehen. Warum? Mit Autogenem Training ist Entspannung in nur wenigen Minuten garantiert. Mehr Power für den Tag, Leistungssteigerung auf allen Ebenen und mehr Leichtigkeit sind ein willkommener Nebeneffekt.

Dass das Autogene Training das vegetative Nervensystem reguliert, ist nichts Neues, und doch vergisst der Mensch auf diese so einfache und unkomplizierte Form der Regeneration, die ganz nebenbei kaum Zeit in Anspruch nimmt. Wer vergebens nach Ruhe und Gelassenheit sucht, kann gleich heute damit beginnen, diese Suche zu beenden.

Mit geringem Aufwand und ein wenig Hingabe und Freude daran kann das jedem gelingen. Der Körper braucht Schlaf. So legen wir uns jeden Abend ins Bett, damit sich unser System erholen kann. Autogenes Training ist wie ein kurzer Schlaf, es hat diese tief erholsame Wirkung, die wir unbedingt nutzen sollten.

Das Autogene Training ist deshalb eine überaus wirksame Methode, sich neu zu erfahren und durch Praktizieren zu sich selbst, zu mehr Gelassenheit, Zufriedenheit, Lebensfreude und besserer Gesundheit zu finden. Neben progressiver Muskelentspannung und Meditation bildet es die dritte Säule eines bewussten Entspannungstrainings. Während eine progressive Muskelentspannung die körperliche Entspannung fördert, unterstützt Meditation das seelische und Autogenes Training das mentale Gleichgewicht.

Diese drei Formen der Entspannung (körperlich, mental und seelisch) können aber nur analytisch getrennt werden, da sie sich gegenseitig unterstützen und aufbauen.

Fakt ist, dass sich Autogenes Training auf allen Ebenen positiv auswirkt und auch ganz für sich alleine eine wunderbare Form von Entspannung darstellt. Alles, was Sie ergänzend anwenden, wird Ihnen zugutekommen. Das Autogene Training ist die Basis, um ins Gleichgewicht zu kommen. Es bietet den Einstieg in die Meditation und harmonisiert körperliche Dissonanzen.

Wer das Autogene Training beherrscht, bräuchte kein zusätzliches körperliches Entspannungstraining mehr. Doch gibt es immer wieder Menschen, die sich nicht so leicht fallen lassen können.

Geht es Ihnen auch so?

Gewiss ist dann ein vorgeschaltetes körperorientiertes Entspannungstraining empfehlenswert. Gelassenheit kommt bekanntlich erst durch Loslassen, und Loslassen ist das, was durch Autogenes Training ganz sicher geschult und praktiziert werden kann.

Wenn sich das innere mentale Getöse beruhigt,
wird es ruhig und leise,
und die innere Stimme wird wieder
hörbar sein.

Wir starten mit ein wenig Theorie, bevor wir in die Praxis übergehen. Hier erfahren Sie wesentliche Übungen, die ich gerne an Sie weitergebe. Diese Grundübungen besänftigen das Gemüt und wirken belebend. Diese Belebung bildet eine Basis, um mit Gegebenheiten gefasster umzugehen und eine persönliche Herangehensweise für herausfordernde Alltagssituationen zu entwickeln. Nicht jede Übung ist für jeden geeignet. Sie selbst entscheiden, wann Sie welche Übung anwenden, und passen sie einfach Ihren individuellen Bedürfnissen an.

Nach der Praxis der Unterstufe befassen wir uns mit der Oberstufe (für Fortgeschrittene). Danach verlassen wir die Körperarbeit und bewegen uns Richtung »geistige Ebenen«. Ich zeige Ihnen Möglichkeiten von Suggestionen, gebe Ihnen einen kurzen Einblick in die Chakren-Lehre und schließe mit der Meditation ab. Ein Rundum-Paket, das einen hohen Wohlfühlfaktor hat.

Lassen Sie sich Zeit, gehen Sie in aller Ruhe vor und erleben Sie die innere Veränderung mit allen Sinnen. Sie vollzieht sich immer zuerst im Inneren, bevor sich diese Änderung in äußeren Lebensbereichen zeigen wird.

Körperliche, mentale und seelische Entspannung sind elementare Lebenstechniken, die wir als Kind schon lernen sollten. Es sind Voraussetzungen für ein erfülltes, zufriedenes und erfolgreiches Leben. Es ist ein Leben in Eigenverantwortung und Leichtigkeit. Dies ist unsere natürliche Stärke. Stress hingegen ist ein Zeichen von Fremdbestimmung und Schwäche. Wandeln Sie Ihre Schwächen in Stärken um und beginnen Sie ein neues Leben, das voller Überraschungen ist.

Theorie

Vorweg ein Ziel

Jeder Mensch sollte Ziele haben. Wenn nicht, sollte er diese herausfinden, da eine klare Zielsetzung die Motivation für Verantwortung, Geduld, Ausdauer und Engagement fördert. Ein beflügeltes Leben voller Inspirationen führt zum Erfolg. Erfolg macht fröhlich und Fröhlichkeit fördert die Gesundheit. Natürlich verfolgt jeder Mensch andere Ziele, da jeder Mensch seinen eigenen Weg gehen muss.

Der Weg ist das Ziel, das mag stimmen, doch wer auf dem Weg keine Pläne hat, könnte sich nur allzu leicht im Dschungel des Alltags verlieren. Wer einen Kuchen backt, hat das Endergebnis im Kopf. Wer ein Haus baut, hat seine Vorstellungen darüber, wie es aussehen wird.

Wer sich einen Partner wünscht, trägt ebenfalls eine Idee mit sich herum, wie der- oder diejenige sein könnte. Gedankenkräfte sind Kräfte, die dem Leben Formen verleihen. Es ist immer gut zu wissen, was man will, wenn man sich nicht darin verliert. Eine Absicht oder ein Vorhaben sind grundsätzlich gut, wenn man dazu im Allgemeinen oder zum Ergebnis selbst keine Bindung entwickelt.

Durch Gedanken und bildhafte Vorstellungskraft kann ein großer Einfluss auf das Wohlbefinden genommen werden. Wir sollten uns das immer wieder bewusst machen, damit wir künftig achtsamer mit unseren Gedanken umgehen und mit deren gezieltem Einsatz unsere Lebensumstände mitbestimmen.

Es gibt grundsätzliche Ziele, die von jedem von uns, obgleich meist unbewusst, intuitiv angestrebt werden. Sie alle schlummern in uns und wollen verwirklicht werden. Es sind dies:

- *Erfüllung*
- *Erfolg*
- *Zufriedenheit*
- *Harmonie und*
- *Gesundheit*

Das sind weitläufige Begriffe für Ziele, die wir uns innerlich ersehnen. Wenn wir sie uns genauer ansehen, könnten wir uns leicht darin verlieren, weil sie uns nur als Begriffe bekannt sind. Was ist Zufriedenheit? Wie kommt es zur Harmonie? Was versteht man unter einem erfüllten Leben?

Sie werden diese Fragen sicher ganz anders beantworten als ich. Jeder wird eine andere Antwort finden, soweit sie sich überhaupt beantworten lassen. Wenn zum Beispiel Urlaub für Sie Zufriedenheit bedeutet, was bedeutet dann der Alltag für Sie? Warum wird Zufriedenheit mit etwas verknüpft, was irgendwann eintreffen oder stattfinden wird? Wo ist Zufriedenheit jetzt?

Wenn Zufriedenheit kommt und geht, ist sie nicht von Bestand, und wie kann uns etwas glücklich machen, was nur vorübergehend stattfinden kann? Fragen, die sich nicht so leicht beantworten lassen. Vielleicht braucht es ein ganzes Leben lang, um das herauszufinden. Bevor wir uns auf den Weg machen, müssen wir gewisse Zusammenhänge kennenlernen. Wir packen sozusagen einen Rucksack mit Proviant für eine Reise, die uns zu uns selbst führen wird.

Der Proviant ist wichtig, er besteht aus Erfahrungen und Wissen. Er wird durch das Denken und durch Erinnerungen genährt. Er hilft uns dabei, einen Schritt vor den anderen zu setzen. Sobald wir schwungvoll laufen, müssen wir ihn jedoch hinter uns lassen, da er uns die Reise irgendwann unnötig erschwert. Wir können nicht alles sofort ablegen, sondern befreien uns nach und nach von unnötigem Gewicht.

Gleichzeitig sollten wir gute Nahrung in uns aufnehmen. Es ist die Vertrautheit mit verschiedenen Übungen, die uns auf dem Weg begleiten werden.

Alles begleitet uns immer nur eine gewisse Strecke. Zum Schluss lassen wir alles hinter uns, so wie wir zu guter Letzt auch unseren Körper zurücklassen werden.

»Das Ziel zu finden heißt, den Ursprung wiederzufinden.«
Paul Claudel

Autogenes Training (AT): Was ist das?

Autogenes Training ist ein auf Autosuggestion basierendes Entspannungsverfahren. 1926 stellte der Berliner Psychiater Johannes Heinrich Schultz diese Methode das erste Mal vor, die er durch angewandte Hypnose entwickelte. Autogenes Training ist eine weit verbreitete Psychotherapiemethode. In Ländern wie Deutschland und Österreich ist sie sogar gesetzlich anerkannt.

Der Begriff Autogenes Training, 1932 erstmals unter dem Titel *»Das Autogene Training, konzentrative Selbstentspannung«* vorgestellt, stammt aus dem Griechischen und bedeutet:

autos = selbst
genos = entstehendes
Training = hier als »regelmäßiges Üben« verwendet

Wir verstehen unter AT, dass die regelmäßige Ausführung dieser Methode (unterschiedliche Übungen) etwas aus uns selbst heraus entstehen lässt. Dadurch wird eine Veränderung in Gang gesetzt. Im Gesundheits-Brockhaus steht dazu:

>»Das AT beruht auf der Möglichkeit einer Beeinflussung des vegetativen Nervensystems über die bewusst gesteuerte Muskulatur.
Durch stufenweise erlernbare autosuggestive Übungen erreicht der Patient die Beeinflussung von Muskelspannung, Puls, Atmung, Hautdurchblutung und eine allgemeine effektive und seelische Entspannung. Darüber hinaus soll durch innere Besinnung und Selbstfindung eine tiefere Beeinflussung der Persönlichkeit möglich werden; hierin bestehen Ähnlichkeiten zu östlichen Meditationsriten (Yoga).«*

Die Wirkung von AT

Durch gezielte und regelmäßig wiederholte formelhafte Suggestionen erfolgt eine Programmierung des Unterbewusstseins. Das wirkt sich in positiver Weise direkt auf das vegetative Nervensystem aus. So können wir unseren Körper bewusst für Harmonie und positive Schwingungen öffnen. Es erfolgt eine Umschaltung von An-spannung auf *Ent-spannung*.

Anders als beim Einschlafen, wenn wir (unwillkürlich) in den Schlaf, also in eine tiefe Entspannung, fallen, wird diese Art der Entspannung durch willkürliche Konzentration ausgelöst. Deshalb ist die Wirkung dieser Methode besonders nachhaltig. Die erlangte Durchlässigkeit wirkt sich auf Körper und Seele gleichermaßen aus.

Die Entspannung ist für alle Menschen eine Wohltat und dient zur Erholung im Alltag. Um Disharmonien zu lindern und um dagegen vorzubeugen, kann AT überall durchgeführt werden. Es bedarf lediglich der Bereitschaft, sich Zeit für sich und sich selbst wichtig zu nehmen.

Unverarbeitete Probleme wirken sich belastend auf den Organismus aus und können so zu kleinen oder ernsthaften Krankheiten führen. Die Ursache einer Erkrankung liegt meist in einer Disharmonie zwischen Körper und Seele, die der Körper – als Spiegel der Seele – lediglich sichtbar macht.

Die Seele ist das Zentrum unseres Seins und so gesehen ist sie unsere Lebensdynamik. Deshalb wollen wir diesen wichtigen Aspekt besonders berücksichtigen. Körper und Seele bilden eine Einheit. Große Freude wirkt sich ebenso auf den Körper aus, wie Belastungen, Kummer und Sorgen das tun.

Diese Einflüsse sind am Spannungszustand unserer Muskulatur messbar. Wenn zwischen Ihrer Seele und Ihrem Körper, also zwischen Innen- und Außenleben, ein gesundes Verhältnis herrscht, leben Sie in einem harmonischen Gleichgewicht.

Die Wahrscheinlichkeit für einen gesunden Körper ist hier wesentlich höher, als wenn Sie unter ständiger Anspannung stehen. In unserer heutigen Zeit, die von Hektik, Reizüberflutung und immer neuen Anforderungen geprägt ist, ist eine gewisse Überforderung nachzuvollziehen. Es gibt kaum Menschen, die allen Lebensaufgaben ständig mit vollkommener Gelassenheit begegnen. Obwohl das ein jeder könnte, so liegt es wohl in unseren Genen, dass unser Lebensprogramm andauernd mit Abwehr, Kampfbereitschaft und Widerstand reagiert.

Seit jeher wurde uns eingetrichtert, dass wir uns durchsetzen müssen. Niemand hat uns gelehrt, die Dinge so anzunehmen, wie sie sind, und mit dem Lebensstrom zu schwimmen. Stattdessen braucht es viel Kraft, sich gegen die Dynamik des Lebens zu stellen und zu versuchen, etwas in Ordnung zu bringen, was niemals in Unordnung war. So kommt es zu Stress, der anspannt und verkrampft, und die Leistungsfähigkeit sinkt. Stress ist ein Wort, das ein unnatürliches Verhalten beschreibt. Wer sich Druck macht, steht unter Druck. Logisch! Geht das auch anders?

Um dieses unnatürliche Verhalten auszugleichen, es abzuschwächen oder ihm vorzubeugen, gibt es AT. Es ist eine hilfreiche Methode, um das körperlich-seelische Gleichgewicht wieder ins Lot zu rücken. Es ist sozusagen eine Erholung von eingefahrenen Verhaltensweisen und Mechanismen, die unser System schwächen.

Warum AT gut für Sie ist

Weil es jeder zu jeder Zeit überall ausüben kann und es somit ein effektives Mittel zur Entspannung ist, ohne einen Kurs zu belegen. Es sind weder große körperliche Anstrengungen noch Sportlichkeit von Nöten.

Sie brauchen keine Ausrüstung und kein Gerät, um AT zu praktizieren. Wenn Sie den tiefen Wunsch verspüren, kurz loszulassen und in sich selbst einzutauchen, können Sie umgehend damit beginnen. Es bedarf keiner Vorbereitungen, jedoch kann eine gewisse Form von Disziplin sehr hilfreich sein.

Mit AT nehmen wir Einfluss auf unser Nervensystem, indem wir durch Konzentration gezielte Impulse an bestimmte Körperorgane senden.

Mit der Sonnengeflecht-Übung erreichen wir z. B. alle Verdauungsorgane. Es liegt in der Natur des Menschen, dass der Gesamtorganismus durch ein ausgewogenes Zusammenwirken von Sympathikus und Parasympathikus perfekt funktioniert.

Bis in die kleinsten Teile unseres Körpers funktioniert das Zusammenspiel von Atomkern und den dazugehörigen Elektronen.

Dieses Wunderwerk der Schöpfung erleidet durch die unnatürlichen Veränderungen einer modernen Lebensgestaltung Schaden. Es hat Mühe sich zu verbiegen und anzupassen, eine natürliche Haltung ist unmöglich geworden.

Der Mensch – in früheren Zeiten als Jäger und Kämpfer aktiv – benutzt seinen Körper nur noch einseitig. Monotone Bewegungen oder ein Leben im Sitzen sind sicher alles andere als gesund. Die Bewegung ist auf der Strecke geblieben. Wo die körperliche Geschmeidigkeit verloren gegangen ist, kann auch keine geistige Beweglichkeit erwartet werden. Die Lebensumstände sind ein perfekter Spiegel, und Erstarrungen im Außen verweisen auf eine innere Starre. Eine innere Starre kann keine belebte Außenwelt erzeugen.

Wer bereit ist, sich seinem Körper zu widmen, und ihn etwas besser kennenlernt, findet ganz schnell heraus, wo seine persönlichen Schwachstellen liegen.

Es reicht aber nicht aus festzustellen, dass man sich zu wenig bewegt. Es sollten Taten folgen. Wer sich im Außen bewegt, wird auch innen weicher, und wer sich dem AT widmet und öffnet, wird den Drang für körperliche Bewegung verspüren. Sie können bereits nach der ersten Übung ein Erfolgserlebnis haben, es kommt nur auf Ihre Einstellung an.

Wenn Sie sich über das neue Gefühl freuen, das Sie durch eine Entspannungsübung erleben, ist das bereits eine Entwicklung, ein Fortschritt und natürlich ein Erfolg.

Das Nervensystem wirkt durch zwei gegensätzliche Kräfte –
Sympathikus und Parasympathikus:

	Nervus sympathicus	*Nervus parasympathicus*
Blutdruck:	*Beschleunigung*	*Verlangsamung*
Atmung:	*Beschleunigung*	*Verlangsamung*
Blutzucker:	*Vermehrung*	*Verminderung*
Darmfunktion:	*Hemmung*	*Anregung*
Harnbildung:	*Hemmung*	*Anregung*

Das AT verhilft uns zu/m/r:

- Abbau von Spannungen, Verspannungen und Stress
- Erhöhung der Konzentrationsfähigkeit
- Erholung und Entspannung
- Einkehr
- Körperbewusstsein
- Leistungssteigerung im körperlichen und geistigen Bereich
- Selbstberuhigung
- Selbstfindung
- Selbstkontrolle
- Selbstregulation unwillkürlicher Körperfunktionen
- Stabilität in Krisensituationen

Auch hat es sich bei folgenden Beschwerden bewährt:

- Alkohol-, Nikotin-, Drogensucht (im Anfangsstadium!)
- Allergien
- als Unterstützung bei Rehabilitation (z. B. nach Herzinfarkt)
- Asthma

- Gallenbeschwerden
- Herzfunktionsstörungen
- Kopfschmerzen, Migräne
- Magengeschwüre, Magenschleimhautentzündung
- Menstruationsbeschwerden
- Organ- und Psychoneurose
- Schilddrüsenüberfunktion
- Schlafstörungen
- Schmerzlinderung
- Verdauungsstörungen, wie Verstopfung und Durchfall

Wie Sie AT am einfachsten lernen können

Indem Sie es lernen wollen! Sie sollten davon überzeugt sein. Es nur auszuprobieren, ist keine Voraussetzung, um dranzubleiben und animiert sicher nicht zum Weitermachen. Sie werden herausfinden, ob AT das Richtige für Sie ist, und in diesem Fall werden Sie es wissen. Entweder mögen Sie es oder Sie mögen es nicht. Ich kenne keinen, der es nur ein bisschen mag.

- Wollen Sie es!
- Vertrauen Sie auf Ihr Gefühl!
- Glauben Sie an den Erfolg!
- Bringen Sie die innere Bereitschaft mit!
- Lassen Sie keine Gegenstimmen in Ihrem Kopf aufkommen, die Ihnen Ihr Vorhaben madig machen wollen
- Behalten Sie es vorerst für sich und sprechen Sie mit anderen erst darüber, wenn Sie darin gefestigt sind
- Finden Sie keine Ausreden, um es immer wieder auf morgen zu verschieben

- Setzen Sie sich einen fixen Zeitpunkt. AT wird zum Ritual und treuen Wegbegleiter
- Suchen Sie nicht nach negativen Aspekten
- Denken Sie nicht über Ergebnisse nach und erwarten Sie nichts
- Machen Sie es aus Freude an der Freude – um sich etwas Gutes zu tun!

Das Motto lautet:
Ich erreiche mein Ziel! Ich kann das! Ich schaffe es!

Sie sollten dabei jedoch nicht zu streng mit sich sein und sich auch nicht noch an dieser Stelle unter Druck setzen. Wir haben genügend Druck. Wir wollen ihn ja ablegen und nicht horten. Erfolgszwang und ein krampfhaftes Wollen sind ein Garant für Misserfolg. Befürchtungen und Erwartungen können Sie jetzt ablegen. Tun Sie das nicht, werden Sie Enttäuschungen ernten.

Blockieren Sie sich nicht!

Lassen Sie los und entscheiden Sie von Moment zu Moment, aus dem Augenblick heraus, was jetzt für Sie stimmig ist. Füllen Sie den Augenblick mit positiven Inhalten und sollte er sich negativ zeigen, begegnen Sie ihm mit einem Lächeln.

>>*Wer an schnelle Erfolge denkt, wer gewaltsam versucht, sich Einfluss zu verschaffen, der gleicht einer Mücke, die einen Berg aufladen wollte.*<<

I Ging

Was geschieht beim AT?

Das innere Empfinden wirkt auf den Körper, und umgekehrt hat jedes körperliche Ereignis seinen Ursprung in uns. Angst lässt uns blass und kurzatmig werden, das Herz schlägt schneller, Trägheit wird gefördert. Freude treibt uns Farbe ins Gesicht, es wird uns »warm ums Herz« und unsere Augen strahlen. Diesen Ergebnissen geht etwas voraus und doch hat es den Anschein, als passieren sie wie von selbst.

Beim AT werden Ruhe und Entspannung gezielt eingeleitet. Bestimmte Körperzustände wie Wärme, ruhige Atmung etc. werden durch eine entsprechende geistige Einstellung hervorgerufen. Diese positiven körperlichen Entspannungssituationen wirken auf allen Ebenen gleich, so dass eine Gesamtentspannung erreicht werden kann. J. H. Schultz spricht von einer »organismischen Gesamtumschaltung«, die dem »Übenden« Ruhe und Entspannung schenkt.

Dieser Entspannungszustand lässt sich mit naturwissenschaftlichen Methoden folgendermaßen messen: Die Temperatur der Extremitäten steigt an, während sie im Körperinneren leicht absinkt. Des EEG zeigt eine Hirnstromkurve, die identisch ist mit der, die unmittelbar vor dem Einschlafen entsteht; die Atmung wird flacher, Blutzuckerspiegel und Blutdruck sinken leicht ab. Auch am EKG können positive Veränderungen abgelesen werden.

Daran erkennen wir, dass AT nicht etwas ist, mit dem wir uns unsere Zeit vertreiben, während wir uns wohl fühlen, sondern dass es eine ernstzunehmende Behandlungsweise ist. Und zwar nicht nur als Therapie, sondern bereits auch als Prophylaxe (Vorsorge). Wir müssen nicht warten, bis alle Sicherungen durchbrennen, wir können schon vorher etwas tun. AT beruht im Wesentlichen auf der Kraft des Visualisierens.

Eine richtig eingesetzte
Vorstellungskraft ist wohl das
effektivste, natürlichste, einfachste
und preiswerteste Mittel, über das
jeder verfügt, um auf sich und sein
Leben Einfluss zunehmen.

Wie wirkt sich AT auf Ihre Gesundheit aus?

Unsere gezielte Entspannung beeinflusst hauptsächlich das vegetative, also nicht das dem Willen unterstellte Nervensystem mit den beiden Hauptsystemen: Sympathikus und Parasympathikus.

Die Chinesen haben übrigens eine ähnliche Zweiteilung in Yin und Yang. Yin verkörpert das Weibliche, das Zarte, das Dunkle und Passive. Yang steht für das Männliche, die Kraft, die Aktivität, wobei in jedem Element etwas von Yin und auch von Yang enthalten ist.

Es sind also immer und überall beide Prinzipien vorhanden, die in Harmonie zueinander stehen sollten. Eine Störung dieser Harmonie zeigt sich in fehlerhafter Arbeit der Organe und spiegelt sich als Krankheit wider.

Wenn sich körperliche Störungen bemerkbar machen, kann durch eine bewusste und gezielte Entspannung eine Durchlässigkeit der inneren Organe erreicht werden, d. h. Gefäße weiten sich und lassen eine bessere Blutversorgung zu, was mit einer verbesserten Entschlackung bzw. Versorgung mit Nährstoffen gleichzusetzen ist.

Unser Nervensystem lenkt und regelt die Zusammenarbeit der Zellen, Muskeln und Organe, wobei wir unter anderem unterteilen:

- *Zentralnervensystem mit Groß- und Kleinhirn und dem Rückenmark*
- *peripheres Nervensystem mit den Empfindungs- und motorischen Nerven.*

Letzteres ist unserem Bewusstsein, unserem Willen unterstellt und für die äußeren, gewollten Aktivitäten zuständig. Es wird deshalb auch das willkürliche Nervensystem genannt – im

Gegensatz zum autonomen Nervensystem im verlängerten Rückenmark, den vegetativen, also dem Willen nicht unterworfenen Nerven, die hauptsächlich unsere inneren Organe steuern (beispielsweise, wenn wir schlafen).

Durch den gezielten Einsatz der Entspannung kann eine Besserung bei Asthma, Ekzemen und Allergien angeregt werden. In allen Phasen des AT kommen Sie in einen schlafähnlichen Zustand. Dabei nehmen Sie Einfluss auf den Parasympathikus, der das Herz beruhigt und so zur Erholung beiträgt. Hingegen aktiviert der Sympathikus das Herz und unsere Sinnesorgane, wenn wir in der Früh die frische, kühle Luft tief durch die Nase einatmen.

Die Luft strömt an der Stelle vorbei, an der Hirnanhangdrüse und Rückenmarkansatz nur durch eine dünne Knochenwand voneinander getrennt sind. Dort kommt es zu einer (positiven) Reizung des Nervensystems, die wir als Aktivierung unserer Lebensgeister empfinden.

Viele Menschen haben dieses natürliche Gefühl durch eine Tasse Kaffee oder Tee ersetzt. Sie haben den ganz tiefen »Schnaufer«, dieses Ausatmen vergessen, was ganz von selbst aus uns ausströmt, um etwas loszulassen.

Einmal hörte ich jemanden sagen, dass man gesund sein sollte, um AT anzuwenden. Doch wer ist gesund? Wer weiß das so genau? Können wir das wissen?

Bei folgenden schweren Erkrankungen bzw. Situationen empfiehlt es sich auf alle Fälle, AT **nicht** anzuwenden:

- akuten Psychosen
- Altersirrsinn
- Epilepsie

- nach frischen Operationen
- schweren Depressionen und Angst- und Zwangsneurosen
- schweren Neurosen
- sehr niedrigem Dauer-Blutdruck
- Schmerzzuständen
- Tetanie

Bei Schmerzen kommt es vielen vielleicht erst gar nicht in den Sinn, sich AT zu widmen. Ich denke, man ist in diesen Momenten mit sich selbst beschäftigt, und Schlaf ist ja bekanntlich die beste Medizin. Schmerz ist immer ein Warnsignal und sollte deshalb nie ohne vorherige ärztliche Untersuchung mit Hilfe irgendwelcher Methoden unterdrückt werden.

Da uns der Schmerz etwas sagen will, empfiehlt es sich hinzusehen, anstatt ihn gleich weghaben zu wollen. Es ist eine natürliche Reaktion, doch wenn sie bei einem Zimmerbrand die Augen schließen, wird das an der Situation auch nichts ändern. Das erinnert mich an ein bekanntes Beispiel, das ich gern in meinen Seminaren verwendet habe. Wenn Sie die Ölwarnlampe beim Auto wegschrauben, werden Sie irgendwann stehen bleiben.

Wie hilflos die Medizin den heutigen Krankheiten gegenübersteht, zeigt beispielsweise das Krankheitsbild der »vegetativen Dystonie« ganz deutlich. Tausende von Menschen leiden unter Antriebsschwäche, Mattigkeit, niedrigem Blutdruck und werden mit obiger Diagnose abgefertigt. Anstatt sich mit den Ursachen der zum Teil sehr massiven Beschwerden auseinanderzusetzen, werden Pillen verordnet. Auf diese Weise werden zwar die Symptome behandelt, doch bleibt die Ursache unerkannt. Bei Schlafstörungen werden genauso bedenkenlos Tabletten verordnet und oft wahllos geschluckt.

Und wie sieht es mit Nebenwirkungen von AT aus? Ich möchte an dieser Stelle einige Empfindungen ansprechen, die eintreten und Sie verunsichern könnten. Sie stellen sicher kein Problem dar! Doch ist es gut zu wissen, dass solche Reaktionen durchaus normal sind und Sie sich davon nicht irritieren lassen sollten!

- Wenn sich ein Brennen, Kribbeln, Ziehen oder eine vorübergehende Taubheit der Glieder einstellen sollte, ist das als Zeichen der Entspannung zu werten.
- Sollten Sie einmal auf das Atmen vergessen, denken Sie sich nichts dabei. Die Atmung reguliert sich in der Regel von selbst. Wer sich zu viel auf die Atmung konzentriert, tut sich im Loslassen schwer. Also vertrauen Sie auf Ihr Innerstes und versuchen Sie den Vorgang nicht zu steuern. Er findet seinen eigenen Weg auf ganz natürliche Art und Weise, wenn Sie es zulassen.
- Wenn sich die Bauchorgane bewusst entspannen, können Sie ein Magenknurren vernehmen oder sogar Magendrücken verspüren.
- Bei der Kopfübung kann es durchaus zu Müdigkeit kommen.
- Verstärktes Gähnen, Niesen, Husten, Speichel- und Tränenfluss zeugen von einer Reaktion. Das ist ein gutes Zeichen. Dies bedeutet, dass Ihr Körper nicht verlernt hat, auf unsichtbare Vorgänge zu reagieren. Es ist bekannt, dass Übungen, bei denen eine Transformation ausgelöst wird, Körperreaktionen verursachen. Das steht aber nicht nur dafür, dass sich etwas löst, sondern speziell Gähnen ist ein Zeichen von einer Schwingungserhöhung, der sich der Körper (niedrige Schwingung/Materie) noch nicht angepasst hat. All diese Erscheinungen sollten nicht überbewertet werden. Sie treten häufig zu Beginn des ATs ein und regulieren sich mit zunehmender Praxis von

selbst. AT hat übrigens nichts mit Ihrem Willen zu tun hat. Gerade Menschen, die sehr verstandesorientiert sind und alles mit dem Willen steuern wollen, haben anfangs Schwierigkeiten, loszulassen und passiv zu sein. Der Misserfolg von vernunftgesteuerter Anstrengung beim AT macht uns bewusst, dass uns die Natur hier Schranken setzt. Missstimmungen sowie eine zweifelnde und träge Einstellung zu AT wirken sich ebenfalls hemmend aus. Gelegentliches Üben wird keinen Erfolg bringen, sondern nur konsequentes Training.

Welche äußeren Voraussetzungen sind notwendig, um AT zu praktizieren?

- Sorgen Sie für Ruhe. Schalten Sie den Fernseher ab und das Telefon leise. Ziehen Sie sich in einen Raum zurück, in dem Sie sich wohl fühlen. Schließen Sie die Fenster und verdunkeln Sie nach Belieben den Raum. Bitten Sie Ihre Familie, Sie während Ihrer Übungszeiten nicht zu stören. Ein kleines Schild an der Zimmertür kann Vergessliche an diese Bitte erinnern.
- Üben Sie besser nicht mit vollem Magen (ein voller Magen läuft nicht gern, studiert nicht gern und meditiert auch nicht gern!)
- Legen Sie alles ab, was Sie beengt oder was Sie drückt, also Brille, Schmuck, Gürtel, Krawatte etc. Machen Sie es sich richtig bequem.
- Viele Menschen finden über leise, meditative Musik schneller zu innerer Ruhe. Die Musik sollte aber wirklich nur als Hintergrundelement dienen. Die Entspannung

sollte nicht von der musikalischen Untermalung abhängig werden, sondern Sie in die Entspannung begleiten.

- Sie sollten ruhig häufig üben, jedoch dürfen die Übungen nicht in eine lästige Routine ausarten. Als optimal hat sich ein dreimaliges tägliches Üben erwiesen, wobei ich immer wieder auf die Regelmäßigkeit hinweisen möchte, ohne die kein Erfolg möglich ist.
- Am besten gewöhnen Sie sich an bestimmte Zeiten, und zwar an »Ihre« Zeiten. Der eine ist am Morgen besonders aufnahmefähig, der andere zieht es vor, den Tag Revue passieren zu lassen und dies mit seinen Übungen zu vereinen.

»Die Kunst des Ausruhens
ist ein Teil der Kunst des Arbeitens.«
John Steinbeck

Vorbereitungen für die Praxis

Ein paar Worte zur Konzentration

Die Konzentration, wie wir sie zum Lernen oder zum Arbeiten benötigen, fällt uns nicht immer leicht. Dafür gibt es viele Gründe. Hektik, Zeitmangel und Ungeduld sind sicher auch daran schuld.

Vielleicht müssen wir es uns wieder aneignen, dem Körper sowie unserem Innenleben Konzentration zu schenken. Wenn wir uns jahrelang ignoriert und alles als selbstverständlich hingenommen haben, ist das auch logisch. Von nichts kommt nichts und Ignoranz, Trägheit und Unbeweglichkeit haben noch nie jemanden irgendwo hingebracht, außer vielleicht in den Sarg. Doch wer will dort schon freiwillig hin.

Egal worauf wir uns konzentrieren wollen oder sollen, wenn kein echtes Interesse an der Sache vorhanden ist und jegliche Motivation fehlt, kann eine Konzentration auch nicht erreicht werden. Ein gewisses Maß an Konzentration ist für AT sehr wichtig. Durch einige kleine Übungen können wir unsere Konzentrationsfähigkeit stärken:

1. Setzen Sie sich bequem hin und wählen Sie einen Punkt aus. Fixieren Sie einen Gegenstand, die Wand oder ein Blatt Papier. Schauen Sie so lange auf den Punkt, bis alles andere um Sie herum versinkt. Sie sehen nur noch diesen einen Punkt. Lassen Sie Ihre Gedanken los und konzentrieren Sie sich auf den von Ihnen ausgewählten Punkt. Sie haben nur noch einen einzigen Gedanken: »Ich sehe diesen Punkt.« Auch dieser Gedanke verschwindet. Nichts ist mehr wichtig, alles andere versinkt, ist ganz weit weg. Es gibt nur noch diesen Punkt. Spüren Sie die wunderbare Ruhe, die sich in Ihrem Körper ausbreitet.

Der Punkt steht nicht nur im Mittelpunkt, da ist nichts anderes mehr vorhanden. Für Sie gibt es jetzt nur diesen Punkt. Sie sehen ihn an und werden zu dem Gesehenen, es existiert keine Trennung mehr. Gleichzeitig spüren Sie, wie alle Gedanken von Ihnen abgefallen sind. Ihre Schwingung ist mit der Schwingung des Punktes identisch. Sie verschmelzen mit diesem Punkt. Der Punkt und Sie sind eins geworden. Genießen Sie diesen Augenblick.

Dann lösen Sie Ihre Augen von dem Punkt, schließen die Augen und öffnen sie erst nach einer Minute. Sie fühlen sich frei und leicht.

2. Lenken Sie jetzt Ihre Gedanken auf die Natur oder auf das gesamte Zimmer. Betrachten Sie alles, was Sie sehen, ganz kurz, lassen Sie den Blick schweifen und schließen Sie danach die Augen.

Beschreiben Sie nun aus dem Gedächtnis all das, was Sie gesehen haben. Versuchen Sie sich an alle Einzelheiten zu erinnern und diese innerlich wiederzugeben. Die Fähigkeit, sich zu konzentrieren, wird so wieder zum Leben erweckt. Dies ist nur eine Möglichkeit von unendlich vielen, wie Sie Ihre Konzentrationsfähigkeit erneuern, aufbauen und stärken können.

3. Denken Sie fünf Minuten lang an gar nichts, während Sie die Augen geöffnet halten. Achten Sie auf Ihre Augenlider. Wenn Sie diese Konzentrationsübung schaffen, haben Sie kein Bedürfnis, Ihre Augen zu schließen.

Daran können Sie erkennen, ob Sie wirklich an nichts gedacht haben. Wenn Gedanken aufkommen, dann schieben Sie sie nicht beiseite, sondern ignorieren Sie

sie. Wenn Ihnen das nicht gelingt, versuchen Sie die Gedanken einfach wegzuschicken, ohne dabei eine Absicht zu verfolgen. Es soll Ihnen gleich sein, ob es funktioniert oder nicht. Vertrauen Sie darauf, dass Gedanken von selbst weggehen, wenn Sie diese nicht einfangen und zu den Ihren erklären.

Wenn Sie Ihre Aufmerksamkeits-AT-Übungen gezielt auf bestimmte Körperteile richten, mit denen Sie arbeiten, werden Sie Ihre Konzentration automatisch steigern.

Gerade bei der Entspannung ist die Konzentration die Grundlage für Erfolg. Misserfolg wird sehr häufig durch Konzentrationsschwäche ausgelöst. Wer seine Schwachpunkte kennt, kann an ihnen arbeiten.

Ein paar Worte zur Motivation

Aus Erfahrung weiß man, dass neben der Unregelmäßigkeit im Training mangelnde Selbstmotivation das größte Hindernis ist, um AT erfolgreich durchzuführen. Motivation ist nicht nur beim AT wichtig, Motivation ist die Grundlage jeglichen Erfolgs. Motivation steuert die Beweggründe des Willens. Jede Handlung des Menschen wird von der Motivation gesteuert, ob er etwas anstrebt oder etwas unterlässt. Wir sagen: »heute bin ich motiviert« oder: »heute fehlt mir jegliche Motivation«. In beiden Fällen motiviert mich etwas dazu, das festzustellen, ganz gleich in welche Richtung meine Aussage geht.

Den Motivations-Mechanismus finden wir natürlich auch in der Tierwelt. Die treibende Kraft aller Systeme, der Instinkt, erlernte Verhaltensmuster oder Ähnliches sind nichts weiter als Motivation. Bevor der Mensch eine persönliche Motivation empfindet, muss ja bereits eine Motivation vorausgegangen sein, die ihn das empfinden ließ. Ein interessanter Aspekt, dem Sie sich einmal innerlich zuwenden sollten.

Wir unterscheiden drei Formen von Motivation, wobei letztere die Basis der ersten zwei darstellt, und zwar:

1. Die Selbstmotivation über den Verstand und das Bewusstsein. Diese verstandesorientierte Methode ist meist nicht sonderlich effektiv, weil der Verstand zu viele Erinnerungen abgespeichert hat, die ihn in seiner Motivation beeinflussen. Der Verstand kann ja nur auf Wissen zurückgreifen, dass er sich angeeignet hat, und wie viel dieses Wissen wert ist, ist fragwürdig.

2. Die Selbstmotivation über das Unterbewusstsein. Das Unterbewusstsein ist mit den Emotionen zusammen eine wunderbare Motivation. Als Technik mit Hilfe von Suggestionen kann es auch zur Selbstmotivation genutzt werden und lässt sich hervorragend in das AT einbauen. Emotionen sind eine starke treibende Kraft.

3. Die Motivation vor allen Motivationen ist diese eine Kraft, die sich hinter allem verbirgt. Wir könnten keine Motivation spüren, wenn wir diesen unsichtbaren göttlichen Antrieb nicht hätten.
Keine Blume blüht weil sie es will oder möchte. Genauso wenig kann ein Mensch, der aus Fleisch und Blut besteht, aus sich selbst heraus leben und bestimmen. Es gibt da eine Motivation, eine Existenz, die unergründlich ist, die uns steuert und lenkt. Sie atmet uns. Ohne sie geschieht nicht.

Unser Ziel soll die Stärkung und der bewusste Einsatz unserer Motivation sein, um unser Leben in jeder Beziehung in positive Bahnen zu lenken.

I. Vertrauen in die ursprüngliche und unsichtbare Motivation, die wir auch Gott nennen könnten.

II. Selbstmotivation über den Verstand nutzen, aber erkennen, dass der Ursprung dieser Motivation keine verlässliche Quelle ist.

III. Selbstmotivation über unser Unterbewusstsein: Es weiß, was für uns gut ist, und kann mit Hilfe von Emotionen andere Entscheidungen treffen, als es der Verstand tun würde.

Die bewusste Selbstmotivation über das Unterbewusstsein ist sehr effektiv. Durch ständiges Wiederholen einer Wunschvorstellung sagen wir unserem Unterbewusstsein ganz klar, was wir wollen. Unser Gefühl weiß, was wir wollen. Der Verstand glaubt das auch, doch sind seine Beweggründe sicher nicht dieselben.

Wenn wir für Suggestionen aufnahmebereit sind und uns in den sogenannten suggestiblen Zustand versetzen, wird sich eine »gewollte« und für uns »gemeinte«, also stimmige Veränderung in relativ kurzer Zeit vollziehen.

Dies ist bei näherer Betrachtung gar nicht erstaunlich, denn der Änderung, Erneuerung oder Neuprogrammierung von inneren Programmen über Emotionen wird immer eine Wandlung im Außen folgen.

Vom positiven Denken und Sein

Wohl ist den meisten Menschen das große Potenzial, das in ihnen liegt, verloren gegangen, weil sie sich mit ihrem Körper identifizieren und gar nicht mehr wissen, welcher enormen Möglichkeiten sie sich dadurch berauben. Wenn wir damit aufhören, uns selbst Grenzen zu setzen, und unsere Vorstellungskraft mit all ihren positiven Elementen, über die wir verfügen, wieder aktivieren, werden wir erstaunliche Ergebnisse erreichen.

Durch die Erweiterung unseres Bewusstseins wird unser Blick freier, unser Geist und unsere Seele können sich entfalten. Dadurch werden wir in uns selbst harmonischer und glücklicher sein und nicht nur äußerlich Erfolg haben. Äußerer Erfolg ist immer auch ein Ausdruck von innerer Einstellung.

Unser Verstand – der bewusste Teil unserer Persönlichkeit – macht nur einen kleinen Teil unserer geistigen Kapazitäten aus. Mehr als 80 % unserer geistigen Fähigkeiten verkümmern, wenn wir uns nicht darum kümmern, wenn wir uns unser Unbewusstes nicht bewusst erschließen.

»Der Mensch ist, was er denkt, was er denkt, strahlt er aus.«
Erich Fromm

Durch eine positive Änderung unserer Denkgewohnheiten wird eine Umschaltung in unserem Unterbewusstsein bewirkt. Viele von uns wachsen in einer negativ geprägten Umwelt auf nach dem Motto: »Das Leben ist eines der schwersten«, »Ein Unglück kommt selten allein« usw. Von klein auf mit solch negativen Suggestionen gefüttert, macht sich kaum noch jemand wirklich Gedanken über Ursache und Wirkung.

Doch es ist nie zu spät, sich für das Positive zu entscheiden und eine neue Richtung – zuerst in Gedanken, die Taten folgen automatisch – einzuschlagen.

»Nicht im Körper, sondern in der Seele liegt
der Charakter des Menschen.«
Japanische Weisheit

Mit positiven Gedanken, die wir zu Beginn bewusst denken, leiten wir eine positive Veränderung unseres Verhaltens ein. Je tiefer diese positive Einstellung sich in uns verankert, desto selbstverständlicher wird sie für uns und desto sichtbarer werden die Ergebnisse an unseren veränderten Lebensumständen. Verhalten bewirkt Verhältnisse!

Die Folge innerer Harmonie spiegelt sich in äußerer Harmonie wider – in einem gesunden Körper, einem stabilen Seelenleben und in befriedigenden äußeren Lebensbedingungen.

Zweifellos sind Krankheit und Unglück, Armut und Unzufriedenheit keine Zufälle, sondern das Resultat einer falschen, d. h. negativen, Denkweise. So wie negative Gedanken negative Zustände verursachen, ziehen positive Gedanken positive Umstände an. Der Mechanismus ist der gleiche – Sie allein entscheiden, welchen Sie in Gang setzen: den positiven oder den negativen.

»Was der Mensch sät, das wird er ernten.« **Das ist nicht nur ein weises Zitat aus der Bibel, es will gelebt werden!** Beginnen Sie am besten sofort damit. Ernten Sie bewusst und lassen Sie die faule Saat beiseite. Beobachten Sie Ihre Gedanken, Worte, Taten und Gefühle.

Ist es eine Saat, die bittere Früchte hervorbringen wird, weil die Saat nicht liebevoll ist?

Neben einem bewussten Umgang mit dem, was man tut, sagt, fühlt und denkt, ist es auch wichtig, allem positiv entgegenzutreten. Sagen Sie Ja zum Leben und Sie sagen Ja zu sich. Beginnen Sie damit, alle Aspekte des Lebens positiv zu sehen, auch wenn Sie es nicht gleich erkennen können. Auch Krisen und Probleme sind durchaus etwas Positives, weil Sie daraus lernen können und durch sie gezwungen werden, etwas genauer hinzusehen. Das tun Sie sonst vielleicht nicht, wenn alles wie am Schnürchen läuft. Sie wachsen an Schwierigkeiten, das ist sicher.

Leben Sie hier und heute, freuen Sie sich über jeden neuen Tag und schauen Sie nach vorne. Die Vergangenheit ist vergangen, deswegen heißt sie auch so. Sie existiert nur dann, wenn Sie darüber nachdenken, ansonsten ist sie vorbei!

Was zurückliegt, muss Sie nicht kümmern, da es einmal war. Und was war, muss nicht immer wieder belebt und aufgewärmt werden. Setzen Sie sich diesen alten Hut nicht immer wieder auf. Die Zukunft liegt vor Ihnen und die Zukunft ist Ihr Sein,

Ihre Worte, Gedanken, Handlungen und Gefühle von heute.

Es gibt nichts, was nicht zuerst gedacht wurde. Das Leben folgt unseren Einstellungen und Vorstellungen. Das, was wir als Wirklichkeit sehen, ist die Welt unserer Gedanken. Jeder Gedanke setzt eine Ursache, der eine Wirkung folgt. Diese entspricht in Qualität und Quantität dem zuvor Gedachten. Welche Saat wann aufgeht, wissen wir nicht. Wir wissen aber auch nicht, wenn uns eine faule Ernte ereilt, wann wir diese gesät haben. Und das ist auch gut so.

Säen wir also immer nur das Beste, und wenn wir uns beim Verurteilen oder bei herzlosem, unterkühltem Denken ertappen, lassen wir los. Lassen wir all das, was uns nicht gut tut, was nicht gut ist, los.

So können wir niemandem Schaden zufügen und auch uns selbst keine faule Saat mehr bescheren.

»Selbst ein Weg von 1000 Meilen beginnt mit einem Schritt.«
Japanische Weisheit

Um zu einer rundum ausgeglichenen, positiven Persönlichkeit zu werden, müssen Sie sich zuerst selbst kennenlernen. Damit Ihnen das gelingt, beantworten Sie doch einfach ein paar Fragen (Persönlichkeitsbilanz, Seite 88). Sie ziehen Bilanz, indem Sie sich bewusst mit sich befassen, Ihre positiven Eigenschaften notieren, Ihre Schwächen festhalten und Ihre Ziele eruieren. Interessant ist es auch, Freunde, Verwandte oder Kollegen zu befragen. Sie werden erstaunt sein, dass Ihr Selbstbild sich nicht unbedingt mit der Sicht anderer deckt. Das ist durchaus logisch.

Jeder sieht den anderen aus einer Perspektive, die seinem Empfinden, seinen Prägungen und seiner Sichtweise entspricht. Es ist spannend, denn die Sicht der anderen hat mit Ihnen nichts zu tun, genauso wie Ihre Sicht und Meinung über sich selbst überhaupt nichts zu sagen hat. Sie können sich oder anderen Eigenschaften zuweisen. Das heißt aber nicht, dass der andere auch so ist. Es ist nur etwas, was Sie dem anderen übergestülpt haben, wie kann der andere das sein?

Denken Sie einmal darüber nach.

Bewusstes Wahrnehmen und Achtsamkeit

Bevor Sie mit den praktischen Übungen beginnen, sollten Sie sich mit Ihrem Körper vertraut machen. Nehmen Sie eine der Übungshaltungen ein. Sie können diese nach mehrmaliger Ausführung Ihren Bedürfnissen anpassen. Der Körper sucht sich selbst den Weg, wenn Sie gut loslassen können. Entspannen Sie sich und atmen Sie ruhig und gleichmäßig ein und aus. Warten Sie ein wenig, bis Sie Ihren Rhythmus gefunden haben.

Nun atmen Sie ganz tief ein und machen mit Ihrem Atem »einen Spaziergang« durch Ihren Körper. Spüren Sie, wie Sie mit jedem Atemzug eine wunderbare Kraft in sich aufnehmen. Es ist Licht, Leben und Nahrung, die in Sie einströmt. Diese Kraft fließt über den Brustkorb, das Rückgrat entlang hinab bis zum Becken. Fühlen Sie das Gesäß, Ihre Beine, den Kontakt zum Boden (oder Sessel). Tauchen Sie ganz in die Atmung ein und tun Sie es völlig bewusst. Fühlen Sie diesen Vorgang als ein Erlebnis. Den Körper zu fühlen, ist ein Genuss und durchaus keine Selbstverständlichkeit! Machen Sie sich immer wieder die einzelnen Körperteile bewusst. Entspannen Sie sich. Fühlen Sie die Energie in sich. Spüren Sie, wie sie vom Nacken über die Arme bis in die Fingerspitzen fließt. Geben Sie sich diesem Wohlgefühl, dieser Empfindung hin und entwickeln Sie so ein neues Verhältnis zu Ihrem Körper.

Nehmen Sie dieses Körperbewusstsein in Ihren Alltag mit. Beobachten Sie sich mehrmals am Tag. Bemühen Sie sich stets aufrecht zu gehen und sich nicht hängen zu lassen. Kopf nach oben, mit dem Hals leicht nach hinten rücken und dabei das Kinn nach unten ziehen. Indem Sie das Kinn nach unten drücken, geht der Kopf automatisch nach hinten und richtet den oberen Wirbelsäulenbereich auf.

Sehen Sie auch in Schaufenster, wenn Sie die Einkaufsstraße entlanggehen. Haben Sie eine gerade Haltung, einen leichten Schritt und sind Ihre Bewegungen elastisch?

Korrigieren Sie sich ständig. Auch hier sind Disziplin und Achtsamkeit gefragt. Sich gehen zu lassen äußert sich nicht nur in unkontrolliertem Essverhalten, sondern auch in einer schlampigen Haltung. Machen Sie sich immer wieder das Spiel Ihrer Muskeln bewusst, zum Beispiel wenn Sie zur Arbeit gehen. Spüren Sie, wie sich die Wadenmuskulatur bei jedem Schritt an- und entspannt. Achten Sie auf das Zusammenwirken von Muskeln, Gelenken, Atmung und Herzschlag. Genießen Sie dieses neue Körpergefühl, es wird Ihre Ausstrahlung verändern.

Dieses gezielte Wahrnehmen dient nur dazu, achtsamer zu werden und sich selbst zuzuwenden. Sich nicht andauernd mit anderen Dingen zu beschäftigen, sondern sich selbst in Augenschein zu nehmen.

Die Praxis der Unterstufe

Zur Haltung

Grundsätzlich gibt es drei Grundhaltungen, wobei es keine Rolle spielt, für welche Sie sich entscheiden. Suchen Sie sich eine Position aus, die für Sie am angenehmsten ist. Sie können immer wieder eine andere Haltung ausprobieren und werden überrascht sein, dass Sie durchaus dazu neigen, die Haltung öfters mal zu wechseln.

Das liegt wohl daran, dass alles ständig einer Veränderung unterliegt. Wir fühlen jeden Tag anders, warum also sollte unser Leben nur aus antrainierten Gewohnheiten bestehen? Unser Körper hat seinen eigenen Rhythmus. Er zeigt Ihnen jeden Tag aufs Neue, was er heute bevorzugt, was ihm leichter fällt und wozu er Lust hat. Lassen Sie ihn!

Die Rückenhaltung ist die einfachste Haltung überhaupt. Sie kann im Bett, auf dem Teppich oder sogar in der Natur ausgeführt werden.

Überall, wo Sie in liegender Position verweilen können, kommt diese Haltung zu Einsatz. Sie verleitet allerdings auch am ehesten zum Einschlafen, wirkt aber besonders entspannend und leicht.

Anwendung:
- Der Kopf ist leicht erhöht (z. B. auf einem Kissen, einem zusammengerollten Kleidungsstück oder Handtuch).
- Die Arme liegen leicht angewinkelt neben dem Körper.
- Die Beine sind ausgestreckt, wobei die Füße durch die entspannte Lage etwas auseinanderfallen.
- Achten sie bitte darauf, dass sich die Fersen nicht berühren.

Die Droschkenkutscher-Haltung ist wohl die gängigste Haltung. Sie können sie nahezu überall anwenden: im Büro, im Wartezimmer, im Flugzeug oder sogar auf dem »stillen Örtchen«:

Anwendung:

- Setzen Sie sich mit gespreizten Beinen auf einen Stuhl.
- Richten Sie Ihre Wirbelsäule auf und lassen danach den Oberkörper locker nach vorne sinken.
- Der Rücken berührt die Stuhllehne nicht.
- Die Füße stehen fest auf dem Boden. Die Hände hängen entspannt zwischen den Knien.

Die Großvaterstuhl-Haltung verlangt einen Sessel mit einer hohen Rückenlehne.

Anwendung:

- Setzen Sie sich hin und rutschen Sie mit dem Gesäß weit nach hinten.
- Die Wirbelsäule lehnt bei aufrechter Körperhaltung an der Rückenlehne an.
- Achten Sie besonders auf den Kontakt mit der Rückenlehne!
- Lehnen Sie den Kopf ebenfalls an.
- Stellen Sie die Beine senkrecht, die Füße parallel zueinander.
- Die Unterarme liegen entspannt auf der Armlehne oder hängen nach unten.

Was versteht man unter »Rücknahme«?

Wer leicht loslassen kann, hat einen Vorteil. Alle Übungen beginnen mit einer Entspannung. Erst wenn Sie ganz entspannt sind, können Sie mit den einzelnen Übungen beginnen. Dann sind Sie bereit für Suggestionen, also aufnahmefähig für die »Befehle«, die Sie sich geben. Jede Übung wird mit einer sogenannten Rücknahme beendet. Das bedeutet, dass Sie sich aus dem tiefen Entspannungszustand wieder zurückholen.

Diese sogenannte De-Suggestion sollte nach jeder Übung erfolgen, selbst wenn Sie keine Veränderung empfunden haben. Die Rücknahme ist ganz besonders wichtig, wenn Sie anschließend an das AT noch konzentriert arbeiten oder Tätigkeiten ausführen, die Ihre ganze Aufmerksamkeit erfordern.

Die Rücknahme-Formel sollte immer gleich bleiben. Allerdings gibt es eine Ausnahme: Am Abend vor dem Einschlafen ist eine Rücknahme nicht notwendig. Sie können beruhigt in dem erreichten Entspannungszustand einschlafen.

Die Rücknahmeformel lautet:
»Arme fest, tief atmen, Augen auf!«

Dabei beugen und strecken Sie beide Arme mit geballten Fäusten ein paar Mal mit kräftigem Ruck, atmen tief ein und aus und öffnen die Augen. Die Beine benötigen keinen Rücknahmebefehl. Sollten Sie dennoch einmal ein Schweregefühl in den Beinen haben, dann genügen ein paar Kniebeugen. Nehmen Sie sich gewissenhaft und mit Elan zurück. Durch das Wissen um die Zusammenhänge und unsere kleinen praktischen Einstiegsübungen und -erläuterungen haben wir jetzt die nötigen Voraussetzungen gesetzt, um mit der ersten Übung von AT zu beginnen.

Der erste Schritt: eine leichte Entspannungsübung

Zur Einstimmung auf das AT beginnen wir mit einer einfachen Tiefenentspannung. Damit werden Sie schnell erkennen, ob der Weg von AT für Sie stimmig ist.

- Nehmen Sie eine beliebige Übungshaltung ein. Achten Sie darauf, dass sich Arme und Beine nicht berühren.
- Schließen Sie die Augen und atmen Sie bewusst. Atmen Sie ruhig und tief ein. Atmen Sie ruhig und tief aus.
- Konzentrieren Sie sich auf Ihren Körper, auf Ihre Knochen, Muskeln oder Organe. Spüren Sie Ihr Gewicht.
- Halten Sie die Augen geschlossen und atmen Sie ruhig weiter.
- Wenn Sie jetzt ausatmen, spüren Sie, wie sich Spannungen und Verspannungen in Ihrem Körper lösen.
- Sagen Sie zu sich: »*Meine Muskeln sind entspannt und gelöst.*«

Wiederholen Sie:
»Meine Muskeln sind entspannt und gelöst.«

Atmen Sie weiterhin ganz bewusst. Stellen Sie sich beim Ausatmen vor, wie alle Spannungen aus Ihren Muskeln entweichen und sagen Sie dabei immer wieder den Satz: »*Meine Muskeln sind entspannt und gelöst.*«

Nun spannen Sie Ihre Zehen ganz fest an, die Zehen gehen nach unten. Tun Sie das, so weit es Ihnen möglich ist. Halten Sie diesen Zustand und zählen Sie ganz langsam rückwärts von 5 bis 0 und dann lassen Sie los. Lassen Sie die Zehen locker und spüren Sie den Unterschied zwischen Anspannung und

Entspannung. Wiederholen Sie diese Übung gleich noch mal. Ihre Füße fühlen sich frisch an, bereit zu weiteren Schritten auf Ihrem neuen Weg.

Nun machen wir gleich den nächsten Schritt zusammen: Spannen Sie jetzt Zehen, Füße und Wadenmuskeln an. Lassen Sie die Muskeln hart werden und entspannen Sie dabei die restlichen Körperpartien. Halten Sie die Spannung, zählen Sie langsam bis 5 und dann lassen Sie los. Wiederholen Sie diese Übung.

Anspannen – 5 ... 4 ... 3 ... 2 ... 1 ... 0 und loslassen!

Sie entspannen auf diese Art und Weise die gesamte Muskulatur Ihres Körpers, indem Sie alle Körperteile samt Händen anspannen. Nun kommt das Gesicht hinzu. Beißen Sie die Zähne und kneifen Sie die Augen zusammen, spannen Sie die Kopfhaut an. Vergessen Sie dabei nicht Ihre Zunge.

Auch hier halten Sie die Spannung, bis Sie langsam auf null runtergezählt haben. Anschließend lassen Sie schlagartig los, und zwar jeden einzelnen Muskel Ihres Körpers.

Machen Sie jede Übung in aller Ruhe, strengen Sie sich beim Anspannen richtig an und lassen Sie dann mit der gleichen Intensität los. Lassen Sie Ihren Körper fallen, lassen Sie sich fallen. Lassen Sie los.

Diese Übung können Sie ruhig mehrmals durchfuhren. *Entspannen* Sie gleichzeitig Ihren Geist und lassen Sie Ihre Gedanken los. Überprüfen Sie, ob Sie auch wirklich alle Muskeln so fest wie möglich angespannt haben. Nach dieser Übung ist Ihr Körper vollkommen entspannt und locker. Nehmen Sie sich die Zeit und genießen Sie es. Es tut einfach gut.

Bereiten Sie sich jedes Mal bewusst auf das AT vor, indem Sie sich von Ihrer Umwelt lösen und sich auf sich selbst besinnen. Werden Sie ruhig und fühlen Sie sich wohl. Alles um Sie herum ist unwichtig. Sie erzeugen eine tiefe Ruhe, die Sie vom Scheitel bis zu den Zehenspitzen durchströmt.

In diesem Augenblick …

- … ist nichts mehr wichtig.
- … kommt Ihnen nichts mehr in den Sinn.
- … kommen und gehen Gedanken, ohne dass Sie sich auf sie beziehen.
- … versinken Sie in einem Meer von Ruhe und Frieden.
- … freuen Sie sich auf die Suggestionen des AT.
- … dringt jede Suggestion in Ihr Unterbewusstsein ein und verankert sich dort.
- … setzen sich alle stillen Anweisungen, die Sie sich geben, umgehend um.
- … kehren Friede und Freude ein.

AT-Übungen in der Praxis

Die Schwereübung

Diese Übung ist ein wunderbarer Beginn, um sich mit AT vertraut zu machen und vollkommen darin einzutauchen. Den besten Erfolg erzielen Sie, wenn Sie sich den Körperteil bildlich vorstellen, den Sie in ein Schweregefühl versetzen wollen. Abschweifende Gedanken sollten nicht unterdrückt werden, damit keine Blockaden entstehen.

Am besten, Sie beachten sie nicht. Geben Sie sich ganz Ihrer Übung hin und lassen Sie Gedanken Gedanken sein.

Beginnen Sie mit dem Arm. Rechtshänder starten mit dem rechten Arm und Linkshänder mit dem linken. Nun sagen Sie sich folgende Formel langsam und vollständig vor.
Die Formel für die Schwerübung lautet:

»Mein Arm ist ganz schwer.«

Übungsformel Schweregefühl (wiederholen sie x-mal):

Ich bin ruhig und entspannt	6 x
Der rechte Arm ist ganz schwer	6 x
Der linke Arm ist ganz schwer	6 x
Ich bin ganz ruhig und entspannt	1 x
Beide Arme sind ganz schwer	6 x
Ich bin ganz ruhig und entspannt	1 x
Beide Beine sind ganz schwer	6 x
Ich bin ganz ruhig und entspannt	1 x

In dieser Schweresituation bleiben Sie – genießen Sie Ihren Körper, der sich angenehm und spürbar schwer auf der Unterlage anfühlt.

Generell reichen etwa vier Minuten in der Schwere aus, doch sollten Sie sich hier nicht selbst Grenzen setzen. Sollten Sie (Ver-)Spannungen spüren, ist es besser, die Übung etwas kürzer zu halten. Sie können das Schweregefühl zusätzlich vertiefen, in dem Sie sich bildlich vorstellen, wie Sie ein schweres Paket schleppen.

Die Schwere zeigt eine Entspannung der Muskulatur an. Wenn Sie fortgeschritten sind, sind einzelne Befehle nicht mehr notwendig. Es genügt allein der Gedanke an Schwere, um sich in den Schwerezustand zu versetzen.

Holen Sie sich mit folgender Formel wieder zurück:
»Arme fest, tief atmen, Augen auf.«

Folgende Suggestion können Sie immer und überall verwenden und anwenden. Sie wird Ihnen zu einem besseren Wohlbefinden verhelfen.

- *Es geht mir von Tag zu Tag in jeder Hinsicht besser.*
- *Ich bin frisch und munter.*
- *Ich fühle mich ganz wohl und bin völlig entspannt.*
- *Ich spüre das Gefühl der Schwere von Tag zu Tag besser.*
- *Nach jeder Übung fühle ich mich wohl und ausgeruht.*

Wir alle kennen das Gefühl, »hundemüde« zu sein oder »wie ein nasser Sack« aufs Bett zu fallen. Durch unsere muskuläre Tiefenentspannung haben wir diesen Zustand bewusst hervorgerufen. Starke Belastungen und Anspannungen der Muskulatur führen zum Erschlaffen der Muskeln, wobei wir dann ein Gefühl der Schwere und Ruhe empfinden.

Bei einigen Menschen taucht nach der ersten Sitzung das Schweregefühl bereits ganz intensiv auf. Andere brauchen manchmal ein paar Wochen, bis sie eine Wirkung spüren. Geht es nicht darum, sich leicht zu fühlen? Diese Frage hatte mir mal jemand gestellt. Ja, Leichtigkeit ist ein wichtiger Punkt, um entspannt zu sein.

Doch hier geht es darum, diese Leichtigkeit noch tiefer zu spüren, indem ihr eine Schwere vorangeht. Viele Menschen haben die Leichtigkeit völlig aus den Augen verloren. Die vorhergehende Schwere ist also eine wunderbare Art, sich der Leichtigkeit wieder zu öffnen.

Denken Sie nur daran, wenn Ihnen die Augen brennen und sie diese ganz fest zusammenkneifen. In dem Moment, wo Sie sie wieder öffnen, fühlen sich Ihre Augen frisch und entspannt an. Ein Effekt, der wirklich nicht zu übersehen ist. Oder Katzen, die sich strecken und räkeln – sie fühlen sich danach wieder pudelwohl.

Als Nächstes wollen wir die Blutgefäße entspannen, um den Blutdurchfluss zu steigern, was zu messbarer Wärme führen kann. Hierbei kann die Temperatur bis zu 2 Grad ansteigen.

Die Wärmeübung

Vielleicht konnten Sie bereits bei der Schwereübung vermehrt Wärme in den einzelnen Organen verspüren. Das ist nicht verwunderlich. Untersuchungen haben ergeben, dass mit der Muskelentspannung gleichzeitig eine Gefäßentspannung einhergeht. Die Wärmeübung intensiviert dieses Wärmegefühl.

Die Formel für die Wärme lautet: »Der rechte (linke) Arm ist angenehm warm.«

Auch wenn Sie nicht sofort eine Wirkung spüren, halten Sie sich exakt an die Reihenfolge des Programms und an die angegebenen Formeln. Vergessen Sie nicht, sich abschließend zurückzunehmen.

Übungsformel für Wärme:

Ich bin ganz ruhig und entspannt wiederholen	6 x
Beide Arme sind bleiern schwer	6 x
Ich bin ganz ruhig und entspannt	1 x
Mein rechter Arm ist angenehm warm	6 x
Ich bin ganz ruhig und entspannt	1 x
Mein linker Arm ist angenehm warm	6 x
Ich bin ganz ruhig und entspannt	1 x
Beide Arme sind angenehm warm	6 x
Ich bin ganz ruhig und entspannt	1 x
Beide Beine sind angenehm warm	6 x
Ich bin ganz ruhig und entspannt	1 x

Abschließend: Arme fest, tief atmen, Augen auf.

Üben Sie dies dreimal täglich jeweils 5 Minuten und halten Sie sich genau an die angegebene Reihenfolge der Befehle.

Wenn Sie bereits zu den Fortgeschrittenen gehören, reichen die Befehle »Arme bleiern schwer« und »Arme angenehm warm« vollkommen aus, um diesen Wärmezustand zu erreichen.
Wenn dies klappt, können Sie zur Kurzformel »Ruhe – Schwere – Wärme« übergehen.

Über das Herz

Schwere- und Wärmeübung bewirken auch eine Regulierung der Herzfunktion, eine bessere Durchblutung des Herzmuskels, die durch eine Entspannung der Hautreflexzonen ausgelöst wird.

Dies ist übrigens auch eine gute Vorbeugung gegen Herzrhythmusstörungen und Herzinfarkt. Aufbauend auf die beiden ersten Grundübungen wenden wir uns nun unserem körperlichen Zentrum, dem Herzen, zu. Die Entspannung der Blutgefäße im Arm wirkt sich auf die Herzkranzgefäße aus, wodurch dem Herzen mehr Blut zugeführt wird und es deshalb auch mehr Sauerstoff erhält, so dass Herzschmerzen verringert werden können.

Allerdings sollten alle organisch Herzkranken auf jeden Fall vor einer solchen Übung mit ihrem Arzt sprechen, dies gilt auch bei Herzschmerzen. *(Wer aus ärztlicher Sicht keine Herzübung machen soll, soll diese Übung einfach überspringen.)*

Die wesentlichste Aufgabe des Herzens ist, das aus Körper- und Lungenkreislauf zurückgeflossene Blut in den großen und kleinen Kreislauf zu pumpen. Das Herz ist ein Teil des Herz-Kreislauf-Systems und kann sozusagen als der Motor bezeichnet werden, während die vom Herzen wegführenden Gefäße (Arterien) und die zum Herzen hinführenden Gefäße (Venen) als das Verteilersystem betrachtet werden können. Das Herz ist etwa faustgroß und wiegt ca. 5 g pro Körpergewicht. Organisch betrachtet ist das Herz zwar nur ein Muskel, doch besteht eine direkte Verbindung zum vegetativen Nervensystem, zur Psyche. Sicher haben Sie auch schon das Gefühl erlebt, dass Ihnen die Angst das Herz zuschnürt oder das Herz vor Schreck stehen blieb.

Ist es Ihnen möglich, Ihr Herz zu hören? Können Sie es hören? Wenn Sie hierbei Schwierigkeiten haben, dann machen Sie sich auf, um Ihr Herz neu zu entdecken. Der richtige Zeitpunkt dafür ist jetzt.

- Beginnen Sie damit, dass Sie Ihren Puls fühlen. Orientieren Sie sich am Pulsschlag.
- Stecken Sie sich Watte in die Ohren und spüren Sie den Puls als eine Art verlängerten Herzschlag.

Entdecken Sie Ihr Herz auch in anderen Lebensbereichen und lassen Sie es sprechen. Lassen Sie Ihr Herz handeln und Entscheidungen treffen. Wenn Sie auf Ihren Herzschlag hören, wissen Sie mit Sicherheit, was Ihnen gut tut.

Das Herz sagt Ihnen viel über Ihre Gefühle. Vielleicht wollen Sie sie nicht wahrhaben oder können sie nicht hören, weil Sie sie erst gar nicht bemerken.

Ihr Herz kommuniziert mit Ihnen. Hüpft Ihr Herz vor Freude oder schlägt es aus Ärger schneller?

Die Herzübung

Hier ist nun die Formel für das Herz:
»Das Herz schlägt ganz ruhig und kräftig.«

Für sensible Menschen ist folgende Formel noch besser geeignet:
»Der Puls schlägt ruhig und kräftig.«

Wer als Folge psychischer Belastung unter einem unregelmäßigen Herzschlag leidet, sollte folgende Sätze verwenden:

»Das Herz schlägt ganz ruhig und gleichmäßig«
oder
»Das Herz schlägt ruhig, rhythmisch, regelmäßig«

Diese Formulierungen sollten nicht abgeändert werden. Achten Sie bitte unbedingt auf die exakten Worte.

Übungsformel Herz:

Ich bin ganz ruhig und entspannt wiederholen	6 x
Beide Arme sind bleiern schwer	6 x
Ich bin ganz ruhig und entspannt	1 x
Beide Arme sind angenehm warm	6 x
Ich bin ganz ruhig und entspannt	1 x
Mein Herz schlägt ruhig und gleichmäßig	6 x
Ich bin ganz ruhig und entspannt	1 x
Mein Herz schlägt ruhig und gleichmäßig	6 x
Ich bin ganz ruhig und entspannt	1 x

Abschließend: Arme fest, tief atmen, Augen auf.

Üben Sie dreimal täglich, ca. 5 Minuten lang und halten Sie auch hier wieder die Reihenfolge ein.

Das Herz spielt eine wichtige Rolle in unserem Leben, nicht nur in seiner organischen Funktion. Denken Sie einmal an die Sprache. »Das Herz schlägt ihm bis zum Hals«, »beklommenen Herzens sein«, »sich etwas zu Herzen nehmen«, »aus seinem Herzen keine Mördergrube machen«, »sein Herz verschenken« oder »herzlos« sein – um nur einige Redewendungen anzusprechen. Es sind allerdings mehr als einfach so dahingesprochene Floskeln. Dahinter verbirgt sich viel mehr, als wir uns in dem

Moment, wo sie ausgesprochen werden, bewusst sind. Auf die Achtsamkeit des gesprochenen Wortes möchte ich hier noch einmal verweisen. Wir sagen nichts einfach nur so, es steckt überall eine Botschaft dahinter. Achten Sie auf Ihre Ausdrucksweise und finden Sie heraus, ob Ihr Herz diesen Weg mit Ihnen geht. AT trägt ebenfalls dazu bei, Ihr Herz freier zu machen von Belastungen oder aufzufangen. Lassen Sie uns zur nächsten Übung übergehen.

>>*Begrenzt ist das Leben, doch unerschöpflich die Liebe.*<<
Japanische Weisheit

Die Rolltreppen-Meditation

Wenn Sie möchten, sprechen Sie folgende Meditation auf den Voice-Recorder Ihres Handys. Machen Sie es sich so richtig bequem. Denken Sie daran, dass sich Arme und Beine nicht berühren und schließen Sie die Augen. Wenn Sie es mögen, können Sie leise Hintergrundmusik laufen lassen, wie zum Beispiel klassische Musik, Vogelstimmen oder Naturklänge.

Manchen Menschen erleichtert das den Einstieg, um loszulassen, es bewirkt eine Vertiefung der Entspannung.

Spüren Sie die Spannung und Schwere in Ihrem Körper, Sie fühlen sich wohl. Konzentrieren Sie sich auf Ihre Augenlider und auf die kleinen Muskeln rund um die Augen. Lassen Sie sie ganz schlaff werden und entspannen Sie auch kleinere Muskeln. Sie spüren, wie Ihre Augenpartie sich mehr und mehr entspannt. Atmen Sie tief aus und atmen Sie wieder langsam und tief ein. Während der gesamten Übung sind die Augen geschlossen.

Vor Ihrem geistigen Auge lassen Sie das Bild eines Kaufhauses entstehen. Es gibt undenklich viele Dinge, das Angebot ist riesig. In diesem Kaufhaus finden Sie alles, was Sie sich wünschen.

Das Gebäude hat sieben Stockwerke. Sie befinden sich in der 7. Etage, die in einem warmen roten Ton gehalten ist. Stellen Sie sich vor, wie sich die Ziffer »7« groß und deutlich von der roten Wand abhebt. Sie kommen jetzt bei Ihrem Spaziergang durch dieses Kaufhaus zu einer Rolltreppe, die nach unten fährt. Es ist eine ganz besondere Rolltreppe, die weich und geräuschlos fährt. Betreten Sie die Rolltreppe und spüren Sie, wie Sie mit dieser Treppe nach unten gleiten. Ihre Hände ruhen auf dem Geländer und Sie fahren lautlos und langsam hinunter. Sie sind geborgen und sicher.

In geruhsamer Fahrt geht es abwärts. Sie sind auf dem Weg Richtung Erdgeschoss und wissen, dass dort neue und wertvolle Beziehungen auf Sie warten. Die rote Farbe der siebten Etage scheint an Ihnen vorbeizufließen. Sie setzen Ihre angenehme Fahrt nach unten fort und spüren, wie locker und gelöst Sie werden. Sie lassen immer mehr los und entspannen sich immer tiefer.

Sie kommen in die sechste Etage und verlassen die Rolltreppe. Sie sind von orange leuchtenden Wänden umgeben, auf denen die Ziffer »6« geschrieben steht. Langsam bewegen Sie sich Richtung Rolltreppe. Sie atmen tief ein und sagen beim Ausatmen mehrmals zu sich selbst: »6 – 6 – 6«. Dabei nehmen Sie die orangefarbenen Wände wahr und genießen deren Wärme. Nun betreten Sie die nächste Rolltreppe und gleiten langsam nach unten. Sie spüren, wie locker Sie werden, sich entspannen und sich in noch friedlicherer Stimmung sanft nach unten bewegen.

Sie befinden sich jetzt in der fünften Etage. Im Geist wiederholen Sie mehrmals »5 – 5 – 5« und genießen dabei die schöne goldgelbe Farbe dieses Stockwerks. An der Wand steht ganz groß die Zahl »5« geschrieben. Sie fühlen sich sehr wohl und leicht. Sie lassen locker und erfreuen sich an der goldgelben Farbe, die Sie vollkommen in Wärme hüllt.

Es geht weiter zur nächsten Rolltreppe. Wieder schweben Sie hinunter. Locker liegt Ihre Hand neben Ihnen auf dem Geländer. Sie sind in der 4. Etage angelangt und sehen deutlich eine große »4« an der Wand geschrieben. Alles schimmert in einem satten Grün. Sie fühlen sich geborgen und leicht. Sie atmen tief ein und Sie atmen tief aus. Dabei wiederholen Sie mehrmals die Ziffer »4«. Sie verinnerlichen »4 – 4 – 4« – bevor Sie zur nächsten Rolltreppe gehen. Langsam fahren Sie durch das beruhigende Grün in eine noch angenehmere Etage

Nun erreichen Sie diese mit der Aufschrift »3« und sehen das schöne Blau der Wände. Bleiben Sie einen Augenblick in dieser Etage. Denken Sie an die Natur und sehen Sie kühlendes Wasser vor sich. Es beruhigt und ist still.

Genießen Sie die Ruhe, das stille blaue Gewässer und den wolkenlosen Himmel über den Bergen. Nehmen Sie diese wunderbare Stille ganz in sich auf und fühlen Sie diese Harmonie, die Sie einhüllt und umgibt. Ein unsagbares Glück breitet sich in Ihnen aus. Sie atmen tief durch, sehen ganz klar die Zahl »3« vor sich und gehen umgeben von dem leuchtenden Blau zur nächsten Rolltreppe. Wieder gleiten Sie abwärts. Sie sind entspannt.

Sie sehen die Ziffer »2« und wiederholen mehrmals »2 – 2 – 2«. Die Zahl steht ganz groß auf einem herrlich dunklen Blau geschrieben. Überhaupt erstrahlt alles in diesem tiefblauen Glanz. Sie fühlen sich unendlich wohl und atmen tief ein. Beim Ausatmen sehen Sie die Ziffer »2« vor sich. Sie genießen diese herrliche Stimmung um sich herum. Eingetaucht in ein wunderbares Wohlgefühl, spazieren Sie durch diese wohlige Farbe hindurch, bis Sie zur nächsten Rolltreppe gelangen.

Langsam gleiten Sie nach unten. Dort angekommen, strahlt Ihnen ein leuchtendes Violett entgegen. Auf einer Wand entdecken Sie die Ziffer »1«. Wohin Ihr Blick auch schweift, alles ist in ein wunderbares Violett getaucht. Sie atmen tief ein und sehen beim Ausatmen die Ziffer »1« vor sich. Sie genießen diese schöne Farbe, die eine einzigartige Atmosphäre verbreitet.

Nun sind Sie in einem Zustand völliger Entspannung angekommen. Sie ruhen in Ihrem tiefsten Inneren, in sich selbst. Sie sind ausgeruht, fühlen sich gesund und erfrischt. Atmen Sie weiterhin ruhig und gleichmäßig und verharren Sie für eine kleine Weile in dieser tiefen Entspannung.

Geben Sie sich dem Augenblick hin und lassen Sie jegliche Gedanken oder Bilder fliegen. Seien Sie einfach vollständig hier. Ganz in sich angekommen. Jetzt.

>>*Die am Tag träumen, kennen viele Dinge, die den Menschen entgehen, die nur nachts träumen.*<<

Edgar Allan Poe

Lebenselixier Atem

Der Atem ist unsere Lebensenergie, die unabhängig von unserem Willen funktioniert. Es ist schon interessant, dass wir ständig atmen, uns dessen aber nicht wirklich bewusst sind. Wir wissen es zwar, nehmen es aber nicht wahr. Wir wissen überhaupt viel, doch sich dessen, was im Augenblick ist, bewusst zu sein, ist wohl vielen Menschen unbekannt. Warum ist das so? Alles, was wir als selbstverständlich hinnehmen, beachten wir nicht. Wir glauben, dass das Leben real ist, deswegen hinterfragen wir es nicht. Wir glauben, dass wir als Persönlichkeit getrennt von allem existieren und sich die Dinge außerhalb von uns abspielen. Aus diesem Grund nehmen wir unseren Körper nicht wahr.

Es mag sein, dass wir wissen, dass wir einen Körper haben, doch reicht das aus? Wenn wir so vor uns hinleben, nehmen wir alles wahr, was uns umgibt, doch uns selbst schließen wir aus. Oder sehen Sie Ihre Hände, wenn Sie lesen, oder Ihre Füße beim Spazierengehen?

Da Sie voraussetzen, dass Sie das selbst und sowieso anwesend sind, ignorieren Sie den eigenen Körper. Er ist zwar selbstverständlich, wird aber in die tägliche Wahrnehmung nicht miteingeschlossen. Genauso ist es mit der Atmung. Erst wenn wir in Atemnot geraten, erkennen wir die Atmung also solche, oder wenn wir Husten haben.

Der Mensch kann sechs Wochen ohne Nahrung und sechs Tage ohne Wasser leben, aber nur sechs Minuten ohne zu atmen. Der Atem unterliegt nicht unserem Willen. Durch die Nahrungsverweigerung kann der Tod herbeigeführt werden, aber es ist noch niemandem gelungen, seinem Leben ein Ende zu setzen, indem er den Atem bis zum Ersticken angehalten hat. Es ist deshalb schon merkwürdig, dass die meisten Menschen verlernt haben, richtig zu atmen.

Innere Anspannung, Ängste, ungelöste Probleme, ständige Unruhe und alle weiteren Unstimmigkeiten wirken sich auf die Atmung aus. Vermehrte Muskeltätigkeit, wie zum Beispiel bei sportlicher Betätigung, beschleunigt die Atmung, genauso Fieber. Atmung und psychische Aufregung wie Erschrecken, Wut und Angst nehmen auf den Atemrhythmus unwillkürlich Einfluss. Mit jedem Atemzug nehmen wir Sauerstoff aus der Luft in unsere Lungen auf und geben beim Ausatmen Kohlendioxyd ab. Das sauerstoffreiche Blut strömt über das zuleitende Arteriensystem in jede Körperzelle. Dort vollzieht sich der innere Austausch als Abgabe von Sauerstoff an die Zelle und die gleichzeitige Übernahme des Kohlendioxyds (= Zellenabfallstoffe) aus der Zelle. Das Blut strömt dann über das Venensystem in die Lunge zurück.

An der Atmung sind viele Muskeln beteiligt, wobei der größte Atemmuskel das Zwerchfell ist. Die Atemfrequenz beträgt etwa 12 bis 16 Atemzüge à 500 ccm Luft pro Minute, das heißt, dass 6–8 Liter Luft in dieser Zeit ein- bzw. ausgeatmet werden. Sauerstoff ist Lebenskraft.

Jede Zelle muss atmen und sich mit seiner Hilfe erneuern, wie zum Beispiel Abfallstoffe ausscheiden. Der Sauerstoff ist zur Umwandlung von Nahrung in Energie notwendig. Sauerstoff ist für Körper, Seele und Geist die wichtigste »Nahrung«.

Atmen Sie richtig?

Wir unterscheiden in Bauchatmung, Schulter- und Flanken-atmung, wobei an der Voll-Atmung Zwerchfell, Flanken, Rücken und Brust beteiligt sind.

Atmen Sie einmal kräftig durch, beobachten Sie dabei kritisch Ihren Körper. Haben sich bei Ihnen vielleicht nur die Schultern gehoben? Dann atmen Sie zu flach, d. h., Sie atmen nur in die Brust hinein. Diese Atmungsart finden wir besonders oft bei Menschen mit einer sitzenden Tätigkeit.

Am besten und gesündesten ist die Vollatmung. Wie schon der Name sagt, wird dabei voll durchgeatmet und es werden alle Atmungsorgane beansprucht. Folglich kann der gesamte Körper ausreichend mit Sauerstoff versorgt werden, was optimal ist. Beim Einatmen füllen sich die Lungenflügel und drücken das Zwerchfell nach unten. Durch diesen Druck auf die inneren Organe des Magen-Darm-Traktes wölbt sich der Bauch nach vorne.

Legen Sie einmal Ihre Hand auf den Bauch, damit Sie Ihren Atem fühlen. Wenn nun noch mehr Sauerstoff in Ihre Lungen gefüllt wird, können Sie spüren, wie die Luft in Ihre Flanken und den Rücken entlangströmt. Erst zuletzt steigt die Luft im Brustkorb bis zum Hals nach oben. Wenn Sie ausatmen, entweicht die Luft in umgekehrter Reihenfolge. Zum Schluss senkt sich die Bauchdecke. Helfen Sie mit ein wenig »Druck« nach, damit Sie gezielt mehr Luft aus Ihren Lungen herauspressen können.

Bevor wir mit unserer Atemübung beginnen, sollten Sie sich Ihre Atmung bewusst machen und versuchen, etwaige Fehler abzubauen. Stellen Sie sich vor den Spiegel und atmen Sie richtig. Denken Sie auch untertags immer wieder an das richtige Atmen und prüfen Sie, ob Sie eine wirkliche Vollatmung durchführen.

Jeder Mensch hat seine eigene Atmung, so wie jeder einen ganz persönlichen Fingerabdruck hat. Ändern Sie den Atemrhythmus deshalb nicht mit Gewalt, sondern streben Sie eine Vollatmung an, indem Sie Ihre individuelle Atmung berücksichtigen.

Die Atemübung ist eine der wichtigsten Übungen überhaupt, um zum Unterbewusstsein vorzudringen. Durch eine tiefe Atmung wird zum Beispiel in Stress-Situationen durch den Sauerstoffgehalt in den Lungenbläschen vermehrt Adrenalin neutralisiert und abgebaut, so wird eine Adrenalin-Überdosierung durch den Atem vermieden.

Die Atmung ermöglicht eine Beruhigung über das vegetative Nervensystem, was zu einer Entspannung des gesamten Organismus beiträgt. Das AT erlaubt uns, einen regulierenden Einfluss auf gewisse automatische Lebensabläufe zu nehmen.

Über die Atmung beispielsweise, die teils unbewusst, teils bewusst gesteuert werden kann, wirken wir auf den Kreislauf und indirekt auch auf die Verdauung ein. Die normale Atmung erfolgt automatisch.

Mit der Übungsformel im AT: »Es atmet mich«,
sprechen wir mit dem Wort unser Unterbewusstsein an.

Unser Unterbewusstsein weiß, was zur Erhaltung unseres Körpers nötig ist. Wir sollten unserem Unterbewusstsein vollkommen vertrauen, um so das Bestmögliche für Körper und Geist zu erreichen. Dieses Vertrauen zu uns selbst finden wir im Loslassen, im Geschehenlassen – indem wir es wirken lassen.

Wie viele Leser vielleicht bereits wissen: Bei den östlichen Meditationstechniken wird ganz besonders auf die Atmung geachtet. Eine spezielle Atemtechnik mit gleichzeitiger Suggestion von Energie-Einatmung aus dem Kosmos eröffnet geistige und seelische Entwicklung.

Zu der kosmischen Energie (Prana) sagt man, dass sie ca. 2 Stunden im Organ verweilt und danach zum nächsten Organ überströmt. So ergibt sich ein bestimmter Energie-Kreislauf, der die Ansprechbarkeit bestimmter Organe zu bestimmten Zeiten anzeigt.

Es ist bekannt, dass die Gallenblase nachts zwischen 23 und 1 Uhr arbeitet. Zu dieser Zeit treten die meisten Koliken auf. Zur gleichen Zeit wird am meisten Cholesterin abgebaut. Diesen »Organ-Zeiten« wird in der Homöopathie Rechnung getragen, indem die Medikamenteneinnahme entsprechend der »Arbeitszeit« der einzelnen Organe verordnet wird. Auch in der Schulmedizin wird dieser Sachverhalt mehr und mehr berücksichtigt. Es gibt so viele interessante Erkenntnisse, die wir, so wie z. B. auch die Atmung, für uns nutzen können.

Die Atmung ist mehr als ein willkürlicher Ablauf. Bei den Übungen neigen wir dazu, den Atem absichtlich zu beeinflussen. Das ist aber nicht der richtige Weg, da er uns blockiert. Diese Willkür erzeugt Spannung und deshalb lassen Sie Ihrem Atem freien Lauf.

Er wird sich ganz natürlich entwickeln, wenn Sie sich ihm hingeben und sich das Wissen um die richtige Atmung zu Herzen nehmen, ohne sie überzubewerten. So kann ein falsches und krampfhaftes Atmen vermieden werden.

In der vollkommenen Entspannung finden Sie Ihren ganz persönlichen Rhythmus.

Durch eine bildhafte Vorstellung wird es Ihnen leichter gelingen, »sich atmen zu lassen«.

Ein Bild von einem sich im Wind wiegenden Kornfeld oder den gleichmäßigen Wellen des Meeres kann wirklich sehr hilfreich sein. Die Normalisierung des Atems wird sich harmonisierend auf Ihr Leben auswirken.

Das können Sie schon zeitnah erfahren. Ihr Gemüt wird ausgeglichen und ruhig, der Geist erfrischt und Ihr Leben wird sich harmonisieren.

Die Atemübung

Die Formel für die Atmung lautet:
»Es atmet mich.«

Bei verspannten und sensiblen Menschen empfiehlt sich
folgende Formel:
»Atmung ganz ruhig und gleichmäßig.«

Die Übungsformel Atem:

Ich bin ganz ruhig und entspannt wiederholen	6 x
Beide Arme sind bleiern schwer	6 x
Ich bin ganz ruhig und entspannt	1 x
Beide Arme sind angenehm warm	6 x
Ich bin ganz ruhig und entspannt	1 x
Mein Herz schlägt ruhig und entspannt	6 x
Ich bin ganz ruhig und entspannt	1 x
Meine Atmung ist ruhig und gleichmäßig	6 x
Ich bin ganz ruhig und entspannt	1 x
Es atmet mich	6 x
Ich bin ganz ruhig und entspannt	1 x

Abschließend: Arme fest, tief atmen, Augen auf.

Wiederholen Sie die Übungen dreimal täglich ca. 5 Minuten
lang, wobei auch hier die Reihenfolge wieder genau
einzuhalten ist. Sie können auch nur eine der beiden genannten
Atemformeln verwenden (entweder »Meine Atmung ist …«
oder »Es atmet mich« jeweils 6 x).

Problemlösung über den Atem

Atmen belebt. Richtiges Atmen befreit. Wir wollen über den Atem unser Unterbewusstsein erreichen und alten Ballast abwerfen. Belastendes soll ausgeatmet werden und uns entlasten. Probleme werden unwichtiger oder sogar ganz von uns weichen. Wir atmen uns frei. Wir wollen nicht frei werden, sondern frei sein. Die folgende Übung hilft uns dabei.

Entspannen Sie sich und warten Sie ein wenig, bis Ihr Atem ruhig und gleichmäßig ist.

Sagen Sie sich:
Ich bin ganz ruhig und entspannt
Ich bin vollkommen gelöst und entspannt
Ich komme zu mir selbst
Es atmet mich

Spüren Sie, wie Ihre Atmung selbstständig funktioniert? Halten Sie den Mund geschlossen und atmen Sie durch die Nase. Atmen Sie bewusst aus und ein und verbinden Sie jeden Atemzug mit einer Vorstellung:

Ein: Ich atme Ruhe ein
Aus: Alles Negative strömt aus
Ein: Lebenskraft strömt ein
Aus: Alles Krankhafte verlässt mich
Ein: Gesundheit strömt ein
Aus: Neid und Hass entschwinden
Ein: Ruhe und Gelassenheit kehren ein
Aus: Hektik und Stress entschwinden
Ein: Mut und Selbstvertrauen nehme ich auf
Aus: Lebensangst löst sich auf

Ein: Lebensfreude durchströmt mich
Aus: Schwächen und Depressionen lösen sich auf
Ein: Liebe erfüllt mich
Aus: Aller Ärger entweicht
Ein: Stärke und Frische durchströmen mich

Lassen Sie es ruhig noch eine Weile weiteratmen und halten Sie den bisherigen Rhythmus bei. Zum Abschluss atmen Sie tief ein. Stärke und Frische durchströmt Sie. Sie atmen aus und Sie fühlen sich stark, erfrischt und ausgeruht.

Sie können diese Übung ganz konkret für Ihre persönliche Situation abändern, indem Sie beispielsweise den Schwerpunkt auf Gesundheit oder Ruhe legen. Fühlen Sie eine innere Entspannung, eine Erleichterung und die Befreiung von einengenden Gedanken und Gefühlen?

»Wie ein Fluss im Meer, so findet die Arbeit ihre Erfüllung in den Tiefen der Muße.«

Tagore

Wer im Magen wohnt

Da wir bereits Gliedmaßen und Brustorgane entspannen können, wenden wir uns jetzt den Bauchorganen zu. Das Sonnengeflecht ist ein Teil des vegetativen Nervensystems, auch Solarplexus genannt. Es liegt im Oberbauch, unterhalb des Zwerchfells hinter dem Magen. Der Parasympathikusnerv bildet zusammen mit dem Sympathikusnerv ein strahlenartiges Geflecht. Legen Sie einmal Ihre Hand auf den Oberbauch, zwischen dem unteren Ende des Brustbeins und den Nabel, dort befindet sich das Sonnengeflecht. Es beeinflusst alle Organe und Organsysteme, die unterhalb des Zwerchfells liegen, also Magen, Leber, Bauchspeicheldrüse, Dünndarm mit Teilen des Dickdarms, Nieren, Nebennieren und Milz sowie Becken und Unterleibsorgane.

Fast jede Zelle ist eng mit dem vegetativen Nervensystem gekoppelt und vernimmt deshalb jede Missstimmung. Je positiver wir unser Nervensystem beeinflussen, desto gesünder sind wir.

Durch das AT können wir über das Sonnengeflecht (mit seinen weitreichenden Auswirkungen) über die wichtigsten Organe auf unser seelisches und körperliches Wohlbefinden Einfluss nehmen. Übrigens erwähnten schon die alten Griechen das Sonnengeflecht als Sitz der Seele.

Aber auch der Magen wird häufig als Sitz der Seele bezeichnet und das zu Recht. Der Magen ist der Ort, an dem Nahrung gesammelt und verdaut wird, also fremde Materie in körpereigene umgewandelt wird. Der Magen versinnbildlicht auch das Weibliche durch das Aufnehmen-Können, die Bereitschaft zur Hingabe und durch die Passivität. Der männliche Gegenpol wird durch die Aktivität gekennzeichnet. Die Chinesen bezeichnen das Sonnengeflecht mit seiner Wirkung auf den Magen auch als Yin und Yang. Bei der japanischen Bauchmeditation ist das Sonnengeflecht Symbol der Lebensmitte.

Ungelebte Gefühle, ungelöste Probleme und alles, was von der Seele nicht verarbeitet bzw. »verdaut« wurde, bleibt häufig »im Magen liegen«. Und das im wahrsten Sinn des Wortes. Magen- und Verdauungsprobleme stehen in enger Verbindung zu Konfliktsituationen.

Nicht nur die Liebe geht durch den Magen, auch Ärger schlägt sich auf den Magen und Kummer frisst man in sich hinein. Das wird oft auch als Kummerspeck sichtbar. Doch nicht nur der Magen reagiert auf die Seele, auch die Nieren (»es geht mir an die Nieren«) oder die Leber (»mir ist eine Laus über die

Leber gelaufen«) sind Opfer negativer Emotionen. Wer kennt nicht plötzlich eintretenden Durchfall als Folge einer schweren Belastung oder Erschrockenheit?

Gerade zu den Darmerkrankungen gibt es interessante Auslegungen: Dickdarmgeschwüre im Erwachsenenalter werden oftmals durch übertriebene Reinlichkeitserziehung in der Kindheit ausgelöst. Darmentzündungen finden wir häufig bei unterwürfigen Menschen. Sigmund Freud wies schon 1908 auf den Zusammenhang zwischen Psyche und Körper, insbesondere zwischen Seele und Darm, hin. Er sah in einem chronisch verstopften Menschen einen pessimistischen, misstrauischen Pedanten, der sich ungeliebt fühlt und deshalb bei allem, was er tut, etwas für sich zurückbehält. Es gibt eine enge Verbindung zwischen Nahrungsaufnahme und Körperkontakt.

Jeder Mensch hat Grundbedürfnisse nach Zuwendung und Geborgenheit. Werden diese Bedürfnisse nicht erfüllt, wenn zum Beispiel ein Kind nicht die notwendigen Streicheleinheiten erhält, führt dies zu Frustration, die in Aggression oder Depression umschlagen kann.

Gerade hier werden auch neurotische Verhaltensweisen anerzogen, wenn z. B. ein Kind sich eine Ersatzzuwendung erzwingt, indem es stundenlang auf dem Töpfchen sitzen bleibt und so wenigstens etwas Aufmerksamkeit »er-sitzen« kann.

Wenn die Ursachen der körperlichen Störungen nicht erkannt werden und nicht an ihnen gearbeitet wird, werden durch Medikamente nur augenblickliche Symptome verringert.

Das »Problem« hingegen sucht sich immer einen Weg und wenn nötig, einen anderen. Es hat das schwächste Organ im Visier und wenn wir diese Botschaften unterdrücken, geht es zum nächstschwächsten über.

Unsere Verdauungsdrüsen reagieren auf die geringsten Schwingungen unseres Seelenlebens.

Essen Sie in Belastungs-situationen erst, nachdem Sie sich entspannt haben. So können Sie Sodbrennen oder Magen- und Darmgeschwüren vorbeugen. Selbst die Bauchspeicheldrüse reagiert allein schon beim Anblick unserer Lieblingsspeise. Sie kennen das sicher auch, wenn Ihnen durch einen bloßen Geruch das Wasser im Mund zusammenläuft.

Glauben Sie an die Kraft der Gedanken?

Nein?

Dann stellen Sie sich vor, dass Sie jetzt in eine Zitrone beißen.

Die Sonnengeflecht-Übung

Bei folgender Übung wird das Sonnengeflecht gezielt angesprochen und durch Ihre Vorstellung nachhaltig beeinflusst. Wenn Sie Schwierigkeiten dabei haben, die Wärme im Solarplexus zu spüren, stellen Sie sich vor, dass Ihnen die Sonne auf Ihren Oberbauch scheint und wie die Wärme in Ihren Körper eindringt.

Diese Bilder sind hilfreich, um etwas zu fühlen oder zu intensivieren. Durch folgende Übung erreichen wir eine bessere Durchblutung. Sie wirkt entspannend und organregulierend. Lassen Sie sich fallen.

Hier ist nun die Formel für den Solarplexus:
»Sonnengeflecht strömend warm«
oder
»Der Leib ist strömend warm«.

Übungsformel Sonnengeflecht:

Ich bin ganz ruhig und entspannt wiederholen	6 x
Beide Arme sind bleiern schwer	6 x
Ich bin ganz ruhig und entspannt	1 x
Beide Arme sind angenehm war	6 x
Ich bin ganz ruhig und entspannt	1 x
Mein Herz schlägt ruhig und gleichmäßig	6 x
Ich bin ganz ruhig und entspannt	1 x
Es atmet mich	6 x
Ich bin ganz ruhig und entspannt	1 x
Mein Sonnengeflecht ist strömend warm	6 x
Ich bin ganz ruhig und entspannt	1 x
Mein Sonnengeflecht ist strömend warm	6 x
Ich bin ganz ruhig und entspannt	1 x

Abschließend: Arme fest, tief atmen, Augen auf.

Auch hier gilt wie bei allen anderen Übungen: dreimal täglich, ca. 5 Minuten lang üben.

Das Unterbewusstsein: innerer Verbündeter

Innere Harmonie und Ausgeglichenheit manifestieren sich in einem gesunden Körper und einem regen Geist. Wie wir den anderen Menschen gegenübertreten, so begegnen sie uns. Wir nehmen sie so wahr, wie wir sie sehen und empfinden, aber nicht so, wie sie eigentlich sind.

Oftmals ist uns nicht bewusst, was der ausschlaggebende Faktor für unsere Empfindungen ist. Erinnerungen, Vergleiche und Programme haben sich tief in uns eingenistet und manipulieren unsere Sicht. Unser Unterbewusstsein reagiert auf Schwingungen.

Alles schwingt. Wir nehmen die Schwingungen unseres Gegenübers wahr, also das, was er sozusagen aussendet. Gleichzeitig interpretieren wir aber unbewusst in ihn etwas hinein und so stellt sich die Frage, wie »wahr« unsere Wahrnehmung ist. Können wir den anderen nur so sehen, wie wir ihn sehen, oder sehen wir ihn so, wie er ist?

Vieles in unserem Leben geschieht, ohne dass wir wissen, warum gerade uns dieses oder jenes widerfährt. Wer sich aber einmal mit Ursache und Wirkung auseinandersetzt, wird schnell erkennen, dass unser Verhalten lediglich die Auswirkung einer bestimmten Ursache ist.

Wir setzen die Ursachen, die sich in unserem Unterbewusstsein fest verankern, und die Wirkung erfolgt ganz von allein. Wenn Sie sich über diesen Mechanismus klar werden, können Sie nicht nur den anderen anders gegenübertreten, sondern Ihr Leben in vieler Hinsicht neu gestalten.

Indem Sie die richtigen Ursachen setzen, wird Ihnen eine dementsprechende Wirkung widerfahren. Dies gilt für unseren Körper, unsere Gefühle sowie für den Erfolg im beruflichen und privaten Bereich.

Durch die Macht der Vorstellung, der Imagination, können wir unserem Unterbewusstsein unsere Wünsche eingeben. Mögen Gedanken auch noch so flüchtig erscheinen, sie haben definitiv eine Wirkung. Sie werden im Unterbewusstsein gespeichert und warten darauf, sich bei einer passenden Gelegenheit zu realisieren.

Überdenken Sie einmal wichtige Augenblicke in Ihrem Leben. Was haben Sie von einer bestimmten Situation erwartet? Woran haben Sie geglaubt? Was haben Sie sich erhofft? Und nun erinnern Sie sich, was daraus entstanden ist. Haben sich Ihre Vorstellungen erfüllt? Sind Befürchtungen wahr geworden? Sie haben einen Auftrag nicht bekommen, weil Sie vorher schon gewusst oder befürchtet haben, dass Sie ihn nicht bekommen werden? Kein Wunder?

Das Leben folgt dem Denken und das Denken erzeugt Leben. Wenn Sie also zu der Erkenntnis kommen, dass Ihre Wünsche nur selten wahr wurden, sollten Sie sich fragen, ob unterschwellige Zweifel am Gelingen Ihrer Unternehmung vorhanden waren. Diese unbemerkten negativen Gedanken wirken sich natürlich auf ein Ergebnis aus bzw. bestimmen es.

Das Gesetz von Ursache und Wirkung kann niemand umgehen, auch Sie nicht.

Innere Unsicherheiten lösen oftmals Serien von Misserfolgen aus, das sollte man erkennen. Wie viele Menschen stehen morgens auf und sagen: »Ich mag nicht«, »heute habe ich keine Lust«. Wie sollen Ihnen solche Gedanken einen guten Tag bescheren?

Betroffene erkennen die Zusammenhänge meistens nicht. Dafür sollte man sein Umfeld zurate ziehen. Wenn Sie dann feststellen, dass der Tag wieder einmal miserabel war, kann Ihnen jemand aus Ihrem Freundkreis oder aus Ihrer Familie vielleicht bestätigen, dass Sie das ja morgens schon gewusst haben. Und wer bereits nach dem Aufstehen davon überzeugt ist, dass der Tag nichts Gutes bringen kann, wird auch einen schlechten Tag erleben. Das ist wahrlich keine Kunst und längst auch kein Geheimnis mehr.

Die Umstände oder das Schicksal sind ganz bestimmt nicht schuld an der Misere! Wer weiß, dass er sein Schicksal in seine Hände nehmen kann, wird über seine eigenen Grenzen hinauswachsen, wird unmöglich Erscheinendes möglich machen und die nötigen Voraussetzungen in sich selbst schaffen. Dies beginnt mit liebevollen und klaren Gedanken und einer klaren Vorstellung von eigenen Wünschen und Zielen.

Unser Bewusstsein nimmt nur einen Teil unserer Wahrnehmungen auf. Mit dem Bewusstsein können wir Dinge verstandesmäßig erklären. Doch weitaus größer sind die Antennen unseres Unterbewusstseins, die intuitive Signale empfangen.

Wenn Sie sich selbst kennen und in sich hineinhören, werden Sie Zusammenhänge viel besser erfassen. Unbewusstes kann Ihnen dann bewusst werden. Sie können beispielsweise sagen, warum Ihnen Ihr Kollege so sympathisch ist. Sie können seine positiven Energien förmlich fühlen. Je sensitiver Sie werden, desto problemloser wird Ihr Leben, weil Sie spüren, was Sache ist.

Wer fühlt, lebt intuitiv, und wer seiner Intuition folgt, setzt Ursachen, deren Wirkungen liebevoller sind.

>>*In dem Augenblick, da ich die leise innere Stimme unterdrücke, werde ich aufhören nützlich zu sein.*<<
M. Gandhi

Die Macht des Geistes ist eine kreative Kraft, die uns innewohnt. Sie ist ein Teil der Unendlichkeit und der Unbegrenztheit des Universums. Es gibt nicht nur ein persönliches Unterbewusstsein, sondern auch ein übergeordnetes kollektives.

>>Auch<< ist hier vielleicht nicht der richtige Ausdruck, denn es ist DAS Unterbewusstsein! Wer dazu Zugang hat, wird nicht nur Lösungen für seine Probleme finden, sondern erkennen, dass es nie wirklich welche gegeben hat. Ein Problem entsteht durch Nichteinverstandsein mit Umständen. Also, seien Sie einverstanden mit dem, was Ihnen das Leben bietet. Es muss

nicht immer alles rosarot sein, durch Arbeit an uns selbst, durch AT, mit Hilfe von Selbsterkenntnis, Selbsterfahrung und Meditation können wir Anschluss an das kollektive Unterbewusstsein finden.

Die Sprache des Unterbewusstseins ist eine Sprache von Bildern und Gefühlen. Diese Sprache drückt sich nicht in der Zukunft aus, sondern lebt in der Gegenwart. Stellen Sie sich deshalb Ihre Wünsche nicht in weiter Ferne vor, sondern sehen Sie sich bereits in der angestrebten Situation.

Schwelgen Sie in dem Glücksgefühl, freuen Sie sich über die Beförderung oder genießen Sie Ihren Wunschurlaub bereits vor Ihrem geistigen Auge. Halten Sie Ihre Wünsche in Bildern und in Gefühlen lebendig. Lassen Sie Ihrer Phantasie freien Lauf.

Eine östliche Weisheit besagt: Arbeite an der Reinigung Deiner Gedanken. Wenn Du keine schlechten Gedanken mehr hast, so wirst Du auch keine schlechten Taten mehr begehen.

Denken Sie in positiven Bildern und Emotionen. Lassen Sie ES geschehen. Haben Sie Geduld mit sich. Glauben und vertrauen Sie sich selbst und der einen Kraft, die in Ihnen lebt. Das AT hilft Ihnen dabei, Zugang zu Ihrem Unterbewusstsein zu finden und dort Ihre Wünsche und Gedanken fest einzubetten. Die innere Harmonie, die Sie durch die Übungen erreichen, wird sich auf allen Ebenen Ihres Seins auswirken.

Tief in Ihnen liegt ein enormer Schatz, das Unterbewusstsein. Gehen Sie den Weg nach innen und erforschen Sie die Kraft, die in Ihnen ruht. Nutzen Sie die Kraft für sich. Gehen Sie vom Kopfdenken weg und nähern Sie sich dem Herzen. Dort liegt so viel für Sie bereit: Erkennen Sie das!

Der Zugang zu Ihrem Inneren ist nicht verschlossen. Er ist bisher nur unbeachtet geblieben. Es gibt niemanden, der den Weg in die innere Schatzkammer nicht für sich entdecken kann. Wir alle haben die Fähigkeit, wieder zu uns selbst zu erwachen.

Ihr Unterbewusstsein ist gleichzeitig Teil des kollektiven Unterbewusstseins. Ihre Persönlichkeit ist nur ein kleiner Teil von etwas, das wir uns nicht vorstellen können. Setzen Sie sich als Lebensziel, Ihre wahre Identität zu erforschen. Das AT hilft Ihnen dabei.

Unbewusste Kräfte haben Ihren Körper gestaltet und allein diese Kräfte sind in der Lage, Unmögliches zu bewirken. Glauben und vertrauen Sie auf sich und die in Ihnen wohnende Kraft.

Verinnerlichen Sie das Prinzip von Ursache und Wirkung und übernehmen Sie die Verantwortung für das, was Sie denken und tun und als Folge für das, was Ihnen geschieht. Was Ihnen widerfährt, ist nicht das Leben, das es schlecht mit Ihnen meint, sondern eine Wirkung, die Sie bewusst oder unbewusst verursacht haben.

Zeigen Sie durch Ihre Gedanken, Gefühle und Vorstellungen Ihrem Unterbewusstsein, was Sie verwirklichen wollen. Trauen Sie sich, Ihr Leben zu manifestieren. Scheuen Sie sich nicht, in der Fülle zu leben. Es gibt nichts, was es nicht gibt.

Streichen Sie Gedanken wie: »Das kann ich nicht« und »Das geht nicht« aus Ihrem Wortschatz. Wenn Sie das weiterhin denken oder sagen, wird es auch so sein.

Kopf hoch

Wir haben unseren Körper systematisch entspannt. Begonnen haben wir bei den Gliedmaßen, sind dann über das Herz zur Atmung vorgedrungen und sind nach den Bauchorganen bereit, uns dem letzten Körperteil des »Grundkurses«, dem Kopf, zu widmen.

Viele Menschen leiden unter Kopfschmerzen, die sie gern dem Wetter anlasten. Für Kopfschmerzen gibt es viele Gründe: zu hoher Blutdruck, Schäden an der Wirbelsäule, Schulterverspannungen, eine falsche Haltung, Erkältung, aber zum großen Teil auch psychische Faktoren. Der Volksmund sagt:

- Mir raucht der Kopf.
- Lass den Kopf nicht hängen.
- Das hältst Du im Kopf nicht aus.
- Verlier Deinen Kopf nicht.
- Sei doch nicht so kopflos.
- Zerbrich Dir nicht den Kopf.

Ziel der Kopf- oder Stirnübung ist, einen klaren Kopf zu bekommen. Nur mit einem klaren Kopf können Sie jeder Situation aufrecht entgegengehen und sie erfolgreich meistern. Wer seinen Kopf von unnötigem Ballast frei macht, kann sich auf das Wesentliche konzentrieren.

Wer seinen Verstand nicht für sinnloses Problemdenken, sondern sein Innerstes für die Lösung von Problemen einsetzt, geht gelöst und entspannt durchs Leben. Mut und Selbstvertrauen werden ihn begleiten.

Ein »kühler« Kopf hilft dabei, vegetative Kopfschmerzen zu verringern (wobei jedoch unbedingt auf die Ursachen eingegangen werden muss).

Auch Stress-Kopfschmerzen können sich auflösen und chronische Kopfschmerzen wesentlich gebessert werden. Im letzteren Fall sollten die AT-Übungen mit dem behandelnden Arzt abgesprochen werden, damit sie sich mit einer eventuell notwendigen medikamentösen Behandlung ergänzen können. Finden Sie heraus, von welcher Art Ihre Kopfschmerzen sind. Danach können Sie gezielt an der Ursache ansetzen und so schneller eine Besserung verspüren.

Falsches und zu viel Denken löst ebenfalls Kopfschmerzen aus. Wir »zerbrechen« uns wortwörtlich den Kopf durch Grübeln und sinnlose Gedanken, weil wir einem Hirngespinst, wie zum Beispiel materiellem Besitz, nachjagen. Sorgen entstehen im Kopf. Sie sind nichts Definitives.

Wer unter ständigen Kopfschmerzen leidet, schiebt alles in den Kopf, »bis er raucht«. Er lebt aus dem Kopf und belastet sich einseitig. Bereits eine Umverteilung der Energie bewirkt eine Erleichterung.

Durch eine ständige Überbelastung des Kopfes wird der Blutfluss im Körper nicht gleichmäßig verteilt, so dass einzelne Organe nicht ausreichend durchblutet und folglich weder mit den nötigen Nährstoffen noch mit positiven Energien versorgt werden. Eine Störung des »Seele-Geist-Körper«-Prinzips liegt auf der Hand und Disharmonie entsteht.

Durch die konzentrative Kopfeinstellung können Sie lernen, Harmonie in Ihre Gedanken zu bringen und gedankliche Disziplin zu erlernen. Im Einklang mit sich selbst stehen, eine positive Lebenseinstellung finden und loslassen können, ist eine Grundvoraussetzung, um über eine positive Ausstrahlung zu verfügen.

Wir alle sollten das anstreben und es ist für jeden von uns erreichbar.

»Loszulassen von sich – darin liegt
die Berufung des Menschen.«
Östliche Weisheit

Die vollkommene Entspannung, das Loslassen und die Ruhe, die sich dadurch körperlich, geistig und seelisch einstellen, ermöglichen es, mehr und mehr zu unseren inneren Urkräften vorzudringen. Mit deren Hilfe können wir unsere Zielvorstellungen realisieren. Ruhen Sie in sich und spüren Sie die Quelle des Guten, die in Ihnen immer leise sprudelt. Sie verstärkt sich, wenn Sie es auch wirklich wollen.

Von nichts kommt nichts – dieser Spruch ist uns allen gut bekannt. Arbeiten Sie an Ihrer gedanklichen Disziplin – nicht nur beim AT, sondern ständig.

Achten Sie auf Ihre Gedanken, denken Sie positiv, setzen Sie positive Ursachen und beginnen Sie damit, in allem das Positive zu erkennen.

Die Kopfübung

Die Formeln für den Kopf lauten:
»Es atmet mich.« und »Stirn ist angenehm kühl.«

Bei auftretenden Kopfschmerzen empfiehlt es sich, mit folgender Formel zu arbeiten:

»Kopf frei, Nacken frei.«

Vorsicht ist geboten bei chronischen Spannungskopfschmerzen oder anfallsartigen Schmerzzuständen – hier nehmen Sie lieber die abgeschwächte Form:

»Stirn ist ein wenig kühl«

Die genannten Formeln sollten NICHT abgeändert werden in »Stirn ist angenehm kalt«! Eine solche Formel kann Migräne oder Schwindelgefühle verursachen.

Übungsformel für den Kopf:

Ich bin ganz ruhig und entspannt wiederholen	6 x
Beide Arme sind bleiern schwer	6 x
Ich bin ganz ruhig und entspannt	1 x
Beide Arme sind angenehm warm	6 x
Ich bin ganz ruhig und entspannt	1 x
Mein Herz schlägt ruhig und gleichmäßig	6 x
Ich bin ganz ruhig und entspannt	1 x
Es atmet mich	6 x
Ich bin ganz ruhig und entspannt	1 x

Mein Sonnengeflecht ist strömend warm	6 x
Ich bin ganz ruhig und entspannt	1 x
Meine Stirn ist angenehm kühl	6 x
Ich bin ganz ruhig und entspannt	1 x
Meine Stirn ist angenehm kühl	6 x
Ich bin ganz ruhig und entspannt	1 x

Abschließend: Augen fest, tief atmen, Augen auf

Wie üblich gilt auch hier wieder die dreimal tägliche Anwendung von ca. 5 Minuten, ohne die Reihenfolge zu verändern.

Selbstachtung und Selbstvertrauen

Selbst achten und vertrauen kann sich nur der, der sich selbst kennt. Kennen Sie sich? Sagen Sie in jedem Fall Ja zu sich, auch wenn Sie mit Schwächen behaftet sind? Wer ist das nicht? Jeder Mensch hat seine Stärken und seine Schattenseiten, alles ist relativ. Was für den einen erstrebenswert ist, ist für den anderen möglicherweise völlig uninteressant. Was Sie als wertvoll erachten, ist für Ihren Nächsten vielleicht völlig unwichtig.

Das Einzige, was für Sie wichtig ist, ist das, was Sie über sich denken. Dass Sie um Ihre positiven Seiten wissen und auch die Seiten akzeptieren, die Sie nicht so prickelnd finden. Wer sich verändert, verändert auch das Umfeld.

Ihre Harmonie färbt nicht nur ab, sie gestaltet weitgehend Ihr Leben und ist für dessen Inhalt verantwortlich.

Wir wollen nun zu einer ganz kurzen, aber effektiven Persönlichkeits-Bilanz übergehen, damit Sie Selbst-Kenntnis erlangen. Beantworten Sie folgende Fragen spontan. Genieren Sie sich nicht, das, was sie als Ihre negativen Züge bezeichnen, schriftlich zu fixieren. Zögern Sie nicht, spontan und ehrlich zu antworten. Überlegen Sie nicht zu lange, was Sie schreiben oder nicht schreiben sollten, sondern bringen Sie die Sicht auf sich selbst zu Papier.

Das Gute daran ist: So wie Sie sich sehen, sind Sie nicht, Sie denken wohl, so zu sein, aber es ist nur Ihre Sicht, die nichts mit Ihnen zu tun haben könnte. Objekte, Gegenstände und Menschen sind frei. Sie werden zu dem, was man ihnen zuweist und überstülpt, doch das ist immer nur für eine einzelne Perspektive gültig. Für eine Ameise ist ein Busch riesengroß. Ist er das für Sie auch?

Der Hahn sieht den Bussard am Himmel als bedrohlich an. Sie auch?

Irgendjemand am anderen Ende der Welt sagt, dass sein Vorgesetzter unehrlich ist. Sie wissen nichts davon und auch wenn Sie es wüssten, würden Sie das wieder ganz anders sehen. Sehen Sie, es ist nichts so, wie es erscheinen mag.

Wenn Sie ehrlich Bilanz gezogen haben, können Sie zuerst einmal überprüfen, warum Sie sich so sehen, und wie es zu dieser Annahme gekommen ist.

Sehen Sie die anderen so? Sagen Sie seit jeher, dass Sie so sind, und haben es deswegen beibehalten?
Glauben Sie selbst daran, so zu sein, wie Sie über sich denken? Setzen Sie Ihre Ziele fest und vor allem erneuern Sie sie. Mit einem neuen Blick über und mehr Verständnis für sich selbst verfügen Sie über eine gute Basis, sie zu erreichen.

>>*Die Selbsterkenntnis ist eine Tugend, die von den Menschen am schwersten erkämpft werden muss.*<<
Chinesische Weisheit

Persönlichkeitsbilanz 1

So nehme ich mich wahr (Eigenschaften, Fähigkeiten, Talente, Motivation etc.):

+ Positiv

_____

_____

_____

_____

_____

_____

_____.

– Negativ

_____

_____

_____

_____

_____

_____

_____.

So sehen mich andere:

+ Positiv

_____

_____

_____

_____.

– Negativ

_____

_____

_____

_____.

So sind meine momentanen Lebensumstände:

+ Positiv

_____

_____

_____

_____

_____

_____.

- Negativ

_____

_____

_____

_____

_____

_____.

Wenn Sie Ihre Antworten noch einmal gut durchlesen, wissen Sie zwar, wo Sie stehen, aber wissen Sie, wie Sie sind? Wissen Sie, wer Sie sind?

Überprüfen Sie Ihre Aussagen und schauen Sie hin, welche Meinungen, die Sie über sich selbst gebildet haben, längst schon überholt sind. Vielleicht hat es diese auch nie wirklich gegeben?

Alles, was Sie aufgeschrieben haben, nur zur Kenntnis zu nehmen und wieder zur Tagesordnung überzugehen, das wollen wir nicht. Wir wollen nicht stehen bleiben, wir wollen weiter und deshalb richten wir unseren Blick auf das, was jetzt und hier – frei von Meinungen und Annahmen – tatsächlich ist. Fragen Sie sich jetzt auch, wie weit das überhaupt möglich ist. Und was ist zukünftig möglich?

Lassen Sie Ihrer Phantasie freien Lauf. Nichts ist unmöglich. Wir beschränken durch unsere Wahrnehmung unsere Art zu sehen. Natürlich geschieht das alles in Gedanken. In Gedanken verlieren wir uns gerne und geben uns allerlei Befürchtungen hin.

Wir denken oft daran, was wir wollen oder nicht wollen, doch nur selten wagen wir daran zu denken, was wirklich alles möglich wäre. Natürlich nicht! Da wir ja aus unserer Begrenzung heraus nicht annähernd unser Potenzial erfassen können, können wir das ja auch nicht denken. Wir können nur denken, was wir kennen.

Das Unbekannte kann nicht gedacht werden, wir trauen uns es ja nicht einmal zu erahnen.

Außerdem ist bekannt, dass der Mensch gute Nachrichten oft gar nicht glauben kann. Komplimente kann er nur schwer annehmen, die Kritik hingegen wirkt sofort wie ein Hammerschlag. Man fühlt sich betroffen.

Warum fühlen wir uns nicht betroffen, wenn uns jemand zum Beispiel als hübsch, gut gekleidet oder sympathisch bezeichnet?

Woher all diese Selbstzweifel und warum so hart in der Selbstkritik?

Erlauben wir uns doch einfach so zu sein, wie wir nun einmal sind, und nehmen wir alles, also Kritik und Lob, mit vollem Herzen an. Es sind ja nur Aussagen oder Empfindungen anderer.

Was hat das mit uns zu tun?

Sprengen wir diese selbst gesetzten Grenzen, ohne dabei den Boden unter den Füßen zu verlieren. Füllen Sie nun auch noch die nächste Seite aus und sehen Sie sich dabei bereits in der erwünschten Situation. Ihre Gedanken sind die Grundlage für Ihre künftigen Lebensumstände.

Vergessen Sie das nicht!

»Gewohnheiten sind zuerst Spinnweben, dann Drähte.«
Chinesisches Sprichwort

Persönlichkeitsbilanz 2

Welche **positiven Eigenschaften** sehe ich an mir (Ist-Zustand) und welche Eigenschaften wünsche ich mir (Soll-Zustand).

Ich bin:
Ist-Zustand   Soll-Zustand

_____   _____

_____   _____

_____   _____

_____   _____

_____   _____

_____   _____

_____   _____

Welche Lebensumstände sind positiv (Ist-Zustand)?
Welche Lebensumstände wünsche ich mir (Soll Zustand)?

Ich habe:
Ist-Zustand   Soll-Zustand

_____   _____

_____   _____

_____   _____

_____   _____

_____   _____

_____   _____

_____   _____

_____   _____

_____   _____

Ihr Vertrauen wird gestärkt, wenn Sie an sich arbeiten und nicht einfach ziellos dahinleben. Natürlich sollten wir im Hier und Jetzt leben und den Augenblick erfüllen.

Dies bedeutet aber nicht, sich gehen zu lassen und so zu tun, als würde man sich kennen. Alles als gegeben hinnehmen, weil wir es immer schon so getan haben, zeugt von keiner weisen Lebenseinstellung. Wer sein Leben eigenverantwortlich gestaltet und sich an Gegebenheiten und Fähigkeiten orientiert, wird an Selbstachtung gewinnen.

Ihre Antworten sollen Ihnen neue Impulse geben und ein neues Licht auf Sie werfen. Sie haben enorme Fähigkeiten, von denen Sie vielleicht nicht einmal 1% nutzen. Reicht Ihnen das? Mir nicht! Niemand weiß mehr oder weiß es besser, wir alle haben ein und dasselbe Kraftfeld in uns. Wenn Sie sich kennen, öffnen Sie sich für Ihre tieferen Kammern und finden einen dauerhaften Zugang zu Ihrem wahren Sein.

»Das wahre Ziel ist nicht, die äußerste Grenze zu erreichen, sondern eine Vollendung, die grenzenlos ist.«

Tagore

Zusammenfassung AT-Unterstufe

An dieser Stelle möchte ich den Praxisteil der Unterstufe kurz zusammenfassen. Wenn Sie die einzelnen Übungen beherrschen, können Sie Ihre »Befehle« auch in einer Kurzformel zusammenfassen. Probieren Sie aus, ob Ihnen diese Methode zusagt.

Je mehr Sie üben, je konzentrierter und freudiger Sie bei der Sache sind, desto schneller erreichen Sie eine Gesamtumschaltung. Der Ablauf der einzelnen Übungen geschieht dann ganz von selbst. Durch die positive Einstellung vollzieht sich die Beeinflussung und Umstellung, also eine Regulierung.

Die Formeln lauten:

- Ruhe – Schwere – Wärme
- Herz schlägt ruhig und gleichmäßig
- Es atmet mich
- Sonnengeflecht strömend warm
- Stirn angenehm kühl

Abschließend: Augen fest – tief atmen – Augen auf

Wenn Sie so weit fortgeschritten sind, dass Sie mit dieser Kurzform schnell und sicher in den gewünschten Entspannungszustand gelangen, können Sie das Ganze noch einmal abkürzen. Verwenden Sie dann folgende Formeln:

- Ruhe – Schwere – Wärme
- Herz und Atmung sind ruhig und gleichmäßig
- Leib warm – Stirn kühl

Abschließend: Arme fest – tief atmen – Augen auf

Versuchen Sie nichts zu erzwingen, sondern geben Sie sich Zeit. Nach mehreren Wochen werden Sie die Übungen in jeder Haltung machen können, ganz gleich, wo Sie sich befinden und wie die äußeren Bedingungen sind: Die Körperhaltung wird belanglos und der Entspannungsvorgang lässt sich beliebig »abrufen«.

Für eine Gesamtumstellung reicht dann die Formel:

»Autogenes Training« oder einfach nur kurz und bündig:
»AT«.

Zum Abschluss der Unterstufe gebe ich Ihnen noch ein paar Fragen mit auf den Weg. Beantworten Sie sie am besten noch, bevor Sie weiterlesen.

Werde ich Hindernisse beseitigen?

_____

Kann ich Fehler vermeiden?

_____

Setze ich Prioritäten?

_____

Motiviere ich mich, um meine Absicht konsequent zu verfolgen?

_____

Nehme ich mir die Zeit, um dranzubleiben?

_____

Verfolge ich mein Vorhaben geduldig und konsequent?

_____

Bin ich in diesem Augenblick bereit, diesen Weg zu gehen?

_____

Haben Sie alle 7 Fragen spontan und aus vollem Herzen mit JA beantwortet, ist das der optimale Zeitpunkt, sich die Oberstufe anzusehen.

>>*Wirklich zu leben ist das Kostbarste auf der Welt.*
Die meisten Menschen existieren bloß, sonst nichts.<<
Oscar Wilde

In der AT-Unterstufe haben wir gezielt Aufträge an unser Unterbewusstsein gegeben, im fortgeschrittenen Stadium hingegen werden wir vermehrt auf die Antworten des Unterbewusstseins achten. Aber was versteht man unter der AT-Oberstufe?

Darunter verstehen wir nicht die Weiterentwicklung von Körperübungen, sondern vielmehr eine Art analytische Psychotherapie, von der bildhaften Vorstellung bis hin zur Meditation.

Wir streben an, über verschiedene Meditationsformen verborgene Persönlichkeitsstrukturen aufzudecken. So können Sie den bewussten Umgang mit allen Bereichen des menschlichen Daseins erlernen. Sie können auch verdrängte Konflikte gezielt verarbeiten und einer Lösung zuführen.

Die Oberstufe: die Königsdisziplin

Suggestion und Autosuggestion

Voraussetzung für den Übergang zur Oberstufe ist die vollständige und prompte Beherrschung der Übungen aus der Unterstufe. Das heißt, erst wenn Sie die Umschaltung in wenigen Minuten erreichen, sollten Sie hier weiterarbeiten. Höchstes Ziel des AT ist die Gedankendisziplin, Erreichung der Harmonie des Geist-Körper-Seele-Prinzips. Die Erkenntnisse, die wir daraus gewinnen, zeigen uns den Sinn unseres Lebens.

Gnothi seauton = Erkenne dich selbst, dann erkennst du Gott

Viele Menschen glauben, Suggestionen werden bewusst gesetzt und wirken dadurch unterschwellig. Doch wir sind alle tagtäglich einer Unmenge von Suggestionen ausgesetzt, die uns nicht einmal bewusst sind. Oder Sie arbeiten mit Suggestionen, ohne sich dessen bewusst zu sein. Vorerst gilt es, diese verborgenen Suggestionen zu erkennen und sich ihrer bewusst zu werden. Weiter können wir damit gezielt für das Wohl unserer Mitmenschen unsere eigenen Suggestionen einsetzen. Positive Suggestionen können wahre Wunder vollbringen, von den negativen sollten wir uns distanzieren. Doch um dies tun zu können, müssen wir lernen, sie zu erkennen.

Es gibt drei Bewusstseinsebenen:

- Das bewusste Ich (Tagesbewusstsein)
- Das unbewusste Ich (Unterbewusstsein)
- Das Über-Ich (höheres Selbst)

Das Unbewusste ist Bindeglied zwischen dem Tagesbewusstsein und dem höheren Selbst und Sitz unserer unterschiedlichen

Kräfte und Fähigkeiten. Es leitet sämtliche Vorgänge in unserem Körper, die vom bewussten Willen unabhängig sind, steuert die Funktionen sämtlicher Organe und das vegetative Nervensystem. Das bewusste Ich macht nur einen kleinen Teil des Menschen aus. Es verkörpert den Verstand, die Vernunft, die Urteilsfähigkeit und den Willen. Das bewusste Ich ist zwar nur ein kleiner Teil der Gesamtpersönlichkeit, aber es ist der Bereich, mit dem wir uns in erster Linie identifizieren.

Wir könnten die seelisch-geistigen Bereiche des Menschen mit einem Eisberg vergleichen, von dem nur etwa ein Zehntel sichtbar ist. Auf den Menschen übertragen bedeutet dies, dass neun Zehntel dem unbewussten Ich und nur ein Zehntel dem bewussten Ich zuzurechnen sind.

Das Unterbewusste ist die Quelle der Inspiration, die schöpferische Kraft in uns. Es ist die absolute Einheit des Menschen, die Basis des geistigen Bereichs.

Die geistige Selbstbeeinflussung bzw. Autosuggestion ist eine äußerst wirksame Lebenshilfe, wenn sie positiv ausgerichtet ist. Gute Vorsätze, als formelhafte Suggestionen aufgebaut, helfen uns, Wohlbefinden und Harmonie in uns selbst zu schaffen. Sie beugen Krankheiten vor und leiten den Selbstheilungsprozess ein.

Durch die Technik des EEG können heute die Gehirnströme so genau gemessen werden, dass man deutlich zwischen zwei Wach- und drei Schlafphasen unterscheiden kann. Die Hirnwellenfrequenz beträgt in den Wachzuständen 35–15 Hertz bzw. 14–8 Hertz, bei den Schlafphasen unterscheiden wir in REM-Phasen (REM = rapid eye movement) mit 35–14 Hertz, 7–4 Hertz und weniger als 4 Hertz. Bei den hohen Frequenzen im Wachzustand sind wir hellwach. Die niedrigen Frequenzen im Wachzustand und die REM-Phasen im Schlaf sind am besten für die Suggestionsarbeit geeignet, weil wir da am entspanntesten sind.

Da jeder Gedanke eine Kraft ist, die auf Ihr Leben unmittelbaren Einfluss nimmt, sollten Sie durch eine Umstellung Ihrer Denkweise jetzt damit beginnen, diese Kraft für sich einzusetzen und zu nutzen. Autosuggestionen wirken nachhaltiger, wenn sie in einem Zustand von vollkommener Entspannung aufgenommen werden.

Durch praktiziertes AT haben Sie eine hervorragende Möglichkeit, Ihre eigenen positiven Gedanken in Ihr Innerstes aufzunehmen. In jedem von uns sind unendliche Heilkräfte angelegt. Je weniger Gebrauch wir von diesem Energiepotenzial machen, desto eher verkümmert es. Probleme, Krankheiten und seelische Verstimmungen werden durch falsche und negative Denkmuster ausgelöst. Wenn wir glücklich, zufrieden und gesund werden wollen, dann ist es unerlässlich, unseren negativen Gedanken Einhalt zu gebieten und uns ganz bewusst einer positiven Einstellung zuzuwenden.

Durch Suggestionen können wir immer Einfluss auf unser Unterbewusstsein nehmen. Es ist deshalb die erste entscheidende Erkenntnis, unser Unterbewusstsein als unseren Freund und Helfer zu erkennen und anzunehmen.

Das, was wir üblicherweise als Schicksal bezeichnen, ist bei näherer Betrachtung nichts anderes als das Resultat unserer Einstellung, die unserem Denken entspricht. Doch nicht nur die Gedanken haben ihre nachhaltige Wirkung, auch Gefühle, Handlungen und Worte sind energiegeladene Kräfte. Wenn Gedanken mit Bildern kombiniert werden, wirken sie verstärkt auf das Unterbewusstsein ein. Negative Gedanken schwächen uns und nisten sich ebenfalls in unserem Unterbewusstsein ein. Daraus ergeben sich Blockaden, die wie Hindernisse sind, über die wir nicht hinausgehen können. Der Energiefluss wird gebremst oder sogar gestoppt. Diese Stauungen bzw. Blockaden können sich durch sogenannte »Pechsträhnen«, Misserfolg oder sogar durch Krankheiten und Depressionen zeigen.

»Dass einer, dessen Wurzel in Unordnung sind, in seinen
Verzweigungen Ordnung hat – das gibt es nicht.«

I Ging

Wollen Sie etwas ändern? Es zu wollen alleine reicht nicht aus!
Lösen wir uns von den bewussten und unbewussten negativen
Einflüssen und wenden wir uns dem Positiven zu. Dafür eignet
sich besonders gut die folgende Zentralformel von Coué, die
Sie immer anwenden können:

»Es geht mir von Tag zu Tag in jeder Hinsicht
immer besser und besser.«

»Es ist leicht – ich kann es.«

Diese Formel sollten Sie sich mindestens fünfmal täglich jeweils
zehnmal vorsprechen. Wenn Sie diese Suggestion dann noch mit
einem Bild Ihres ganz persönlichen Wohlbefindens und Ihrer
positiven Zielsetzung versehen, wird sich der positive Gedanke
tiefer und tiefer in Ihrem Unterbewusstsein verankern. Wenn
Sie sich in eine tiefe Entspannung versetzen, wird der kritische
Verstand müde. Die Folge: das Unterbewusstsein übernimmt
automatisch die Führung.

Seien Sie nachsichtig mit sich selbst. Wenn Ihnen etwas gut
gelungen ist, loben Sie sich dafür. Waren Sie nicht erfolgreich
und neigen Sie sogar dazu, sich zu verurteilen, sprechen
Sie sich einfach gut zu. So versöhnen Sie sich mit sich selbst
und wandeln eventuelle Missstimmungen in eine positive
Atmosphäre um. Innere Harmonie stellt sich wieder ein.

Die beste Basis für einen neuen Versuch voller Vertrauen und
Schwung ist, sich so zu akzeptieren wie Sie sind. Sie können
weder etwas richtig, noch können Sie etwas falsch machen, Sie
machen es immer so, wie Sie können. Und glauben Sie nicht,

dass Sie es anders gemacht hätten, wenn es denn möglich gewesen wäre. Geben Sie Ihrem kritischen Verstand nicht zu viel Raum, sondern beginnen Sie am besten noch heute damit, Ihrem Inneren als Verbündeten zu vertrauen.

> *»Nicht die Größe der Aufgabe entscheidet, sondern das Wie, mit dem wir die kleinste zu lösen verstehen.«*
>
> **Theodor Fontane**

Autosuggestion kann aber auch ein tägliches Gebet sein, das aus dem Herzen kommt. Nicht Ihr Wille ist entscheidend – sondern der Wille, der vor Ihrem persönlichen Willen steht. Diese uns allen übergeordnete Kraft ist etwas, was durch uns geschieht. Es ergib sich. Aus diesem Grund sollte jedes Gebet einem tiefen Vertrauen entspringen und mit dem Satz »Dein Wille geschehe« beendet werden. Ein aufrichtiger Dank sollte nie fehlen und mit den Worten »Es werde wahr« überlassen wir uns dieser einen Kraft und damit unserer eigenen inneren Führung.

Für die praktische Arbeit mit Suggestionen beachten Sie bitte stets Folgendes:

- Formulieren Sie diese immer positiv.
- Vermeiden Sie Verneinungen und alle negativen Worte. (Ihr Unterbewusstsein wird Ihre Gedanken realisieren, ganz gleich, ob Sie negativ oder positiv denken. Wer sich also immer nur negativ ausrichtet und sich mit Belastendem befasst, muss sich nicht wundern, wenn positive Veränderungen ausbleiben.)
- Suggestion immer in der Gegenwartsform formulieren.
- Bleiben Sie bei Ihren Wünschen und Vorstellungen im Bereich der Realität.

- Wollen Sie nicht zu viel auf einmal (Belasten Sie sich nicht mit dem, was Sie nicht haben, sondern seien Sie dankbar für das, was Sie haben und Ihnen zur Verfügung steht).
- Begnügen Sie sich mit einer Suggestion, die Sie ruhig zehn- bis 30-mal pro Übung wiederholen können. So gehen Sie sicher, dass sie in Ihr Unterbewusstsein eindringen wird.

Beispiele für Suggestionen:

- Für mehr Lebensfreude:
    Ich bin mutig und selbstsicher
    Ich lebe hier und jetzt
    Ich bin fröhlich und für alles Schöne aufgeschlossen
    Ich freue mich auf jeden Tag und gestalte ihn positiv

- Für mehr Persönlichkeit:
    Mein Glaube an mich ist fest und unerschütterlich
    Ich gestalte mein Leben positiv
    Ich gewinne durch meine Persönlichkeit
    Meine Ausstrahlung kehrt zu mir zurück

- Schöpferisches Denken:
    Die Kraft meines Geistes wächst stetig
    Ich kann mich gut konzentrieren
    Immer neue und bessere Ideen entwickeln sich in mir

- Für Erfolg:
    Ich habe immer Erfolg
    Ich glaube an meinen Erfolg
    Ich bin erfolgreich

- Gesundheit allgemein:
    Ich bin durch und durch gesund
    Mein Körper ist vital und gesund
    Ich bewege mich elastisch und frei

- Gegen Schlafstörungen:
    Ich schlafe in Frieden und erwache in Freuden
    Meine Ruhe sinkt tiefer und tiefer
    Ich lasse los und werde immer ruhiger
    Schlafen macht mich fit
    Ich schlafe tief und fest bis zum Morgen

- Gegen äußere Schmerzen (Kopfschmerz, Entzündungen etc.):
    Mein Kopf ist angenehm kühl (niemals kalt!!!)
    Meine Finger sind frei beweglich und leicht

- Gegen innere Schmerzen (Leberdruck, Magenschmerzen etc.):
    Mein Magen ist angenehm warm und durchlässig

- Bei feuchten Händen oder starkem Schwitzen:
    Meine Hände sind ruhig und angenehm kühl.
    Meine Achseln sind völlig trocken

Generell können durch AT viele Schmerzen gelindert werden. Verzichten Sie aber nicht auf eine ärztliche Untersuchung. Es liegt nicht im Sinn von AT oder Autosuggestionen, Krankheiten zu ignorieren und zu glauben, dass alles von selbst besser wird. Ja, Gesundheit kommt von innen, aber es gibt viele Aspekte, wie es dann schlussendlich zu einer Disharmonie kommen mag.

Durch Suggestionsarbeit können Sie sich auch von Unarten, Belastungen oder Abhängigkeiten befreien, wenn das Ihr Weg ist. Es ist durchaus möglich, sich durch intensive Arbeit mit entsprechenden Formeln das Rauchen abzugewöhnen oder Stress abzubauen oder eine gelassenere Einstellung zu sich und zu seinen Mitmenschen zu erreichen.

Beginnen Sie heute damit, das zu verändern, was sowieso schon lange nicht mehr zu Ihnen gehört. Haben Sie Geduld mit sich selbst und freuen Sie sich über jeden Fortschritt, den Sie erzielen, auch wenn er noch so klein aussehen mag. Sie werden mehr Freude am Leben haben und Spaß an allen Ihren Aufgaben, die Sie zu bewerkstelligen haben.

Wir alle haben ein großes Pensum zu leisten, und zwar in jedem Bereich. Finden Sie Ihren persönlichen Weg, der zu Ihnen passt und nicht nur als lästige Pflicht gesehen wird. Alles ist kostbar. Finden Sie es heraus.

Imagination

Imaginieren ist eine Kraft, die die feinstoffliche Ebene in ein grobstoffliches Kleid verpackt. Unter Imaginieren verstehen wir die Loslösung von dem, was sonst unsere ganze Aufmerksamkeit hat. Sie ziehen den Blick also von außen ab und richten ihn nach innen. Entspannung kehrt ein. Wenn Sie den Alpha-Zustand erreicht haben, bekommen Sie Zugang zu Ihrem tiefen Ich.

Der Alpha-Zustand ist die Schwelle von Wachsein zum Schlaf und vom Schlaf zum Wachsein. Wer sie überschreitet, tritt aus dem Sichtbaren heraus oder kehrt wieder dorthin zurück.

Imaginieren kann jeder. Durch die Imagination erhalten Sie Auskünfte über unbewusste Probleme, aber auch Hinweise darauf, was zu tun ist. Schon als Kinder haben wir uns in unsere Traumwelt versetzt. Der Unterschied zwischen Imagination und Meditation besteht darin, dass bei der freien Meditation alles zugelassen wird, ohne Konzentration auf ein bestimmtes Ziel oder Thema.

Die Imagination dient auch dazu, die eigenen verborgenen Wünsche zu erkennen, um seine Ziele nicht nur zu finden, sondern auch zu erreichen. Sie stellen sich Ihr Ziel vor Ihrem geistigen Auge vor und malen es in allen Details aus. Sie erstellen so mental ein Gerüst, das Sie im Leben ausbauen können und das sich auch ausbauen lässt.

Je klarer Sie Ihr Bild vor sich haben, desto leichter wird die Umsetzung geschehen. Bedenken Sie, dass jede Art von Zweifel an Ihren Gedanken und Bildern nagt. Zweifel ist eine schwere Energie, die die Realisierung Ihrer Wünsche hemmt. Nur wer überzeugt ist, wird Erfolg haben und weiß, dass allein der Glaube Berge versetzt.

Ihre Gedanken sind mehr als Gedanken. Ich wiederhole es nochmals, weil es wirklich nicht oft genug gesagt werden kann: Gedanken sind Wirklichkeit schaffende Kräfte, die das formen, was Sie als Ihr Leben und Ihre Lebensumstände bezeichnen.

Wenn Sie das wirklich erkannt haben, fällt es Ihnen leichter, auf Ihre Gedanken zu achten und sie so einzusetzen, dass sie Gutes erschaffen.

> *»Mehr als auf alles andere achte auf deine Gedanken,*
> *denn sie bestimmen dein Leben.«*
> **Bibel-Zitat**

Die Chakren-Lehre

Einführung in unsere geistigen Zentren

Als Chakra beziehungsweise Chakren bezeichnet man die feinstofflichen Energiezentren unseres Körpers. Das Wort »Chakra« kommt aus dem Sanskrit und bedeutet »Rad« oder »Kraftwirbel«. Die Lehre der Chakren gehört zu den ältesten Lehren, die der Mensch zu seiner Vervollkommnung entwickelt hat. Es gibt Belege aus der Zeit um 3000 v. Chr. aus Asien (Indien, Nepal, Tibet), aber auch aus Europa (5./6. Jahrhundert n. Chr. in Franken). Daran können wir sehen, dass die Chakren-Lehre nicht nur auf einen Kulturkreis beschränkt ist. Das Ziel der Arbeit mit den Chakren ist, das Bewusstsein zu erweitern und sich wieder der Ganzheit – also der untrennbaren Einheit von Körper, Geist und Seele – zu erinnern.

Wir wollen uns nun noch deutlicher klarmachen, dass das körperliche Befinden von unserem geistig-seelischen Zustand abhängt sowie von der Aktivität feinster Energien, die unseren Körper durchströmen. Durch diese Energien sind Körper, Geist und Seele unauflöslich miteinander verbunden.

Es gibt sieben Chakren – sieben Zentren vitaler Energie im Astralkörper. Sie nehmen die lebenswichtigen kosmischen Energien auf und sind die höchste Kraft des menschlichen Organismus. Jedem Chakra ist eine Farbe zugeordnet. Wer sein geistig-seelisches Bewusstsein erweitern will, muss wissen, dass eine tägliche Reinigung und Aufladung mit Energie notwendig ist. Wenn wir die Zentren aufladen, beginnen die Chakren in ihrer Farbe zu schwingen.

Die Lebenskraft wird erhöht und kann freier fließen, die Aura wird verfeinert. Die gesamte Atmosphäre besteht aus positiv und negativ geladenen Magnetfeldern. Ist in uns oder um uns herum eine unausgeglichene Atmosphäre, spüren wir das in Form von Mattigkeit, Unwohlsein und Lustlosigkeit. Auch unser Gefühlsleben zeigt sich über die Chakren. Stress, negative Gefühle und Angst wirken sich negativ auf die Chakren aus. Somit verschlechtert sich unser körperliches Wohlbefinden.

Wir verkrampfen uns, können nicht mehr harmonisch schwingen und der Kreislauf ist nicht geschlossen. In einem solchen Zustand fließt ein großer Teil an negativer Energie in den menschlichen Körper. Hält eine solche Phase länger an, können sich auch gesundheitliche Auswirkungen bemerkbar machen. Jeder Gedanke, ja jedes Gefühl, das in uns entsteht oder auch von außen auf uns einwirkt, ist ein elektromagnetischer Strom. Da jedes Lebewesen sein eigenes Magnetfeld besitzt, übertragen sich Missstimmungen natürlich auch auf andere. Das kann über die Aura wahrgenommen werden.

Das Sonnengeflecht oder das Herz-Chakra nimmt die vom Menschen produzierten negativen Gedankenschwingungen auf, die über das Rückenmark ins Gehirn fließen. Um sich vor diesen unerwünschten negativen Energien, die von außen auf uns zukommen, zu schützen, ist eine tägliche Reinigung der Chakren sinnvoll.

Außerdem ist es sinnvoll, nicht jeden Menschen zu nahe an sich ranzulassen, wie z. B. gewohnheitsmäßige Umarmungen. Zurück zur Reinigung: Es handelt sich dabei um eine Art Psychohygiene, die wir auf sieben Ebenen durchführen. Negativ gestaute Energie wird dabei bewusst in positive Schwingungen umgewandelt. Wenn unsere Aura mit den sieben universalen Kräften in Harmonie schwingt, ist die Energie von Kopf bis Fuß gleichmäßig verteilt. Je mehr wir die leuchtende Kraft in uns freisetzen, desto gelöster und freier sind wir, der geistige Kreislauf kann sich vollenden.

»Alles, was Sie ausstrahlen, kehrt zu Ihnen zurück.«

Reinigung und Aufladen der Chakren

Unsere geistigen Zentren sind mit den entsprechenden Organen über das Nervensystem verbunden, wobei jeder Nerv von einer feinstofflichen, d. h. »unsichtbaren« Schicht umhüllt ist.

Wenn wir universelle kosmische Kraft aufnehmen wollen, müssen wir unsere geistigen Zentren öffnen, um unseren Körper über das jeweilige Chakra mit positiver Energie zu erfüllen. Nehmen wir in der Natur bewusst die Luft durch tiefes Einatmen auf, so erreichen wir eine ähnliche Wirkung. In der Natur atmen wir kosmische Kraft durch das Sonnengeflecht ein. Gleichzeitig entschwindet alles Negative, wie Angst, Mattigkeit und Belastungen über unser geistiges Auge (= Imagination) durch das Ausatmen. Die Natur erlaubt uns diesen Austausch, dass alles Schwere durch das Schöne in uns in Leichtigkeit übergehen kann.

Wer nicht in der freien Natur üben kann, der sollte sich geistig mit der Natur verbinden. So steht Ihrem Körper diese Energie zur Verfügung und positive Kraft kann aufgenommen werden. Wer auf dem geistigen Weg weiterkommen will, muss die Natur und den Kosmos als oberstes Gebot allen Seins anerkennen. Die Natur hilft uns dabei, unser Lebensziel – die Einheit von Seele, Körper und Geist – zu erreichen.

Die Körper und ihre Bedeutung

Der physische Körper

Den grobstofflichen, physischen Körper halten wir durch Lebensmittel in Funktion. Er ist der Sitz unseres Astralkörpers. Wir sollten unbedingt Wert darauf legen, unseren physischen Körper durch eine gesunde Lebensweise fit und leistungsfähig zu erhalten. Ernährung und Bewegung alleine reichen nicht aus, auch unser Geist braucht Nahrung.

Die feinstofflichen Körper

a) Der Astralkörper
Im Astralkörper leben Geist und Seele. Der Astralkörper ist feinstofflich (dem Regenbogen ähnlich) und wird durch die kosmische Energie gespeist. Die Energie wird durch feinstoffliche Öffnungen im physischen Körper aufgenommen. Diese fast unsichtbaren Öffnungen werden geistige Zentren oder Chakren genannt. Sie ruhen im Ätherkörper.

b) Der Ätherkörper
Er ist feinstofflich und hat eine bläuliche, durchsichtige Ausstrahlung. Er wirkt wie ein Filter gegen negative kosmische Strahlung und umschließt unseren physischen Körper wie eine zweite Haut.

c) Die Aura
Ein goldenes Licht-Ei des Kosmos mit sieben Universalkräften. Sie ist die Gesamtausstrahlung, die von einem Menschen ausgeht. Charakter und Persönlichkeit erscheinen durch die Aura in ihrem individuellen Glanz.

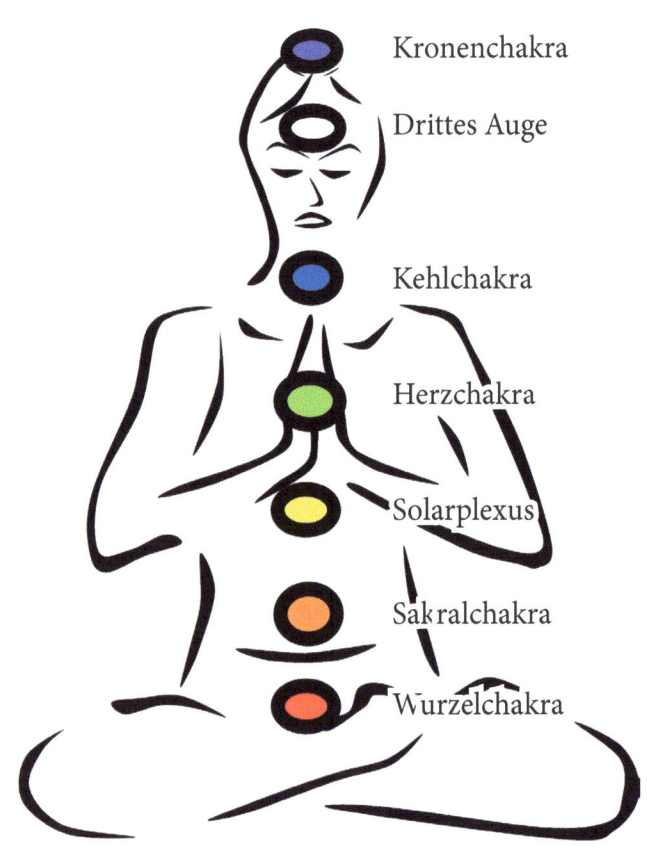

Kronenchakra

Drittes Auge

Kehlchakra

Herzchakra

Solarplexus

Sakralchakra

Wurzelchakra

Chakra-Schutz-Meditation
Zur Reinigung, Stärkung und Schließung

Sorgen Sie für eine angenehme Stimmung. Klassische Musik, Kerzenschein oder ein abgedunkelter Raum helfen dabei. Legen oder setzen Sie sich bequem hin, schließen Sie die Augen und entspannen Sie sich. Lassen Sie los und das, was Sie beschäftigt, hinter sich. Lassen Sie Gedanken vorbeiziehen, wie Vögel im Wind.

Spüren Sie Ihren Körper bewusst und nehmen Sie ihn vollkommen wahr. Atmen Sie tief ein und aus. Ihr Atem führt Sie in eine tiefe Gelassenheit und Ruhe.

Lenken Sie Ihr Bewusstsein in den Bereich des Wurzelchakras, das seine Lage zwischen Anus und Genitalien hat. Visualisieren Sie dieses Chakra in Form einer Münze oder eines Medaillons. Nun drehen Sie diese Rundung 7-mal gegen den Uhrzeigersinn, damit verbrauchte und belastende Energie ausströmen kann, was zur Reinigung dient.

Wandeln Sie die Energie mental um, damit sie in Form von weißem Licht wieder einströmen kann. Dies dient zur Neutralisation. Sie spüren die warme Kraft des Lichtes. Sie spüren die Schwingungen der Musik in diesem Zentrum.

Nun durchströmen und umhüllen Sie das Chakra mit einer roten Farbwolke. Drehen Sie das Zentrum 7-mal im Uhrzeigersinn, um es mit der Energie und der Kraft der roten Farbe aufzuladen. Es erstrahlt rot und rein. Durch diesen Vorgang schließen Sie ganz bewusst Ihr Zentrum, das Wurzel-chakra.

Diese Übung wird nun für jedes einzelne Chakra entsprechend der obigen Aufstellung durchgeführt. Dabei wird jedes Chakra der jeweiligen Farbwolke zugeordnet. Machen Sie sich vor Beginn der Übung ganz klar, wo die einzelnen Chakren liegen.

Wenn alle Chakren gereinigt und aufgeladen sind, folgt das Zurücknehmen:

Sie ruhen nun in der Harmonie, fühlen sich gereinigt und gestärkt. Alle Chakren schwingen in ihrer Frequenz und erfüllen ihre Aufgabe. Alles ist im Gleichgewicht. Sie kommen langsam ins Hier und Jetzt zurück. Atmen Sie tief und bewusst durch. Strecken Sie Arme und Beine aus. Bewegen Sie den ganzen Körper und öffnen Sie die Augen, wann immer Sie bereit dazu sind. Sie fühlen sich frisch und gestärkt. Sie sind wieder ganz bewusst im Hier und Jetzt.

> *»Wenn auch die Saite eines Instruments die Fähigkeit zum Tönen hat – sie muss berührt werden, um zu klingen.«*
>
> **I Ging**

Meditation

Zur Theorie

Meditation ist etwas, was ohne Anstrengung praktiziert werden soll. Es ist kein Hinsetzen und Üben, sondern ein Hinsetzen und geschehen lassen. Meditation geschieht, sie kann nicht gemacht werden. Wahre Meditation kommt von innen, denn ein persönliches Eingreifen kann immer nur eine unnatürliche Haltung hervorrufen. Denken Sie an die Blumen. Sie strecken ihre Köpfe der Sonne entgegen. Wenn Sie einen Holzstab in die Erde stecken und die Blume daran befestigen, können Sie sie zwar auch zur ausrichten, was aber kein natürlicher Vorgang ist. Es mag gleich aussehen und denselben Zweck verfolgen, kann aber nie ein und dasselbe sein.

Loslassen und die Versenkung in das eigene Ich führt zur Erkenntnis seelischer und geistiger Entspannung. Meditation ist ein Selbstausdruck der Seele. In diesem Zustand der Auflösung aller Gedanken können wir uns psychisch und physisch entfalten, unser Bewusstsein kann sich vervollkommnen. In einem meditativen Zustand werden alle Sinne frei und offen für Bilder und Eindrücke. Auch spontane Gefühle steigen aus den Tiefen unseres Seins auf. Der Verstand wird ruhig, die Gedanken lösen sich wie kleine Wolken auf und ziehen von dannen. Wir finden mehr und mehr zu tiefer Ruhe, die durch nichts gestört werden kann. Nichts denken, lautet die Devise. Nur loslassen, sich hingeben, hinspüren und tiefere Ruhe zulassen.

Meditation ist Liebe, die von nichts und niemandem eingeschränkt wird. Es ist die Erfahrung des Augenblicks, in dem die Person »abwesend« ist. Durch dieses Gefühl eröffnen sich neue Dimensionen. In dieser überbewussten Wahrnehmung finden wir Zugang zu unserem wahren, höchsten Selbst und erleben die Gesetzmäßigkeiten unseres Seins. Wir können deshalb Zusammenhänge immer besser verstehen, die wir früher nicht einmal erkannt haben.

Meditation ermöglicht uns, uns als Wahrheit und Wirklichkeit kennenzulernen. Dadurch werden wir unsere Mitmenschen besser verstehen, weil wir vieles intuitiv erfassen, was unausgesprochen bleibt. Wir leben bewusster, d. h., wir können Licht- und Schattenseiten sehen, wissen aber, dass es an uns liegt, was uns widerfährt. Wir können uns selbst anders sehen und annehmen, können endlich ehrlich zu uns sein. Das Leben kann eigenverantwortlich gestaltet werden, weil wir erkennen, dass alles, was geschieht, durch uns ausgelöst wurde. Alles ist ein Spiegel unseres Selbst. Das scheinbare Außen ist eine Reflexion unseres Inneren und aus dem Inneren ergibt sich das Außen.

Meditation befähigt uns, Erfahrungen tiefer zu empfinden und Erkenntnisse besser umzusetzen. Verdrängte Probleme werden bewusst und können einer Lösung zugeführt werden. Über die Versenkung in uns selbst lernen wir Illusionen von realisierbaren Wünschen zu unterscheiden, können Lebenslügen aufdecken und neue Ziele für uns erkennen. Wir erfahren durch diesen Weg nach innen, dass hinter jedem Leid und in jeder Krankheit ein Sinn liegt, den wir nicht unbedingt wissen müssen.

Je weiter wir in unserem Reifungsprozess voranschreiten, desto besser können wir unsere Vollkommenheit anerkennen. Die Meditation gibt uns die Kraft, alles mit einem tiefen Glauben an uns selbst und das Gelingen unserer Unternehmungen anzugehen. Durch die Ablösung vom Ego kann sich unsere Seele entfalten und Angst und Unsicherheit überwinden. Der Weg in die Freiheit führt über den Glauben an die Liebe, an das Gute und wird von Zuversicht getragen.

»Ich bin frei,
wenn ich mich selbst zulasse.«

»Ich bin frei,
wenn ich mich selbst sein lasse.«

»Ich bin frei, wenn ich bin,
wie ich bin.«

Zur Praxis

Meditation macht uns seelisch und geistig frei, führt uns zur Erkenntnis über unser wahres Sein.

1. Sie können in jeder Umgebung und in jeder Haltung meditieren. Allerdings sollten Sie eine Körperhaltung einnehmen, in der Sie längere Zeit bewegungslos und ungestört bleiben können. Dabei sollte der Rücken vollkommen gerade sein. Die traditionelle Meditationshaltung ist der Lotossitz, der nicht unbedingt für jeden bequem ist. Finden Sie die Haltung, die für Sie stimmt.

2. Lenken Sie Ihre Gedanken und Sinne nach innen. Lassen Sie los und werden Sie innerlich ruhig.

3. Konzentrieren Sie sich auf einen Gegenstand. Sehr gut eignet sich zum Beispiel eine brennende Kerze. Betrachten Sie den Gegenstand solange, bis er fest in Ihnen verankert, also mit geschlossenen Augen deutlich vor Ihnen sichtbar ist.

4. Versenken Sie sich in diesen Gegenstand und nehmen Sie sich dabei zurück. Ihre Gedanken ziehen an Ihnen vorbei, bis Sie vollkommene Gedankenleere erreicht haben. Sie versinken ganz in sich selbst.

5. Meditation muss nicht immer bewusst durchgeführt werden. Es gibt Momente, in denen Sie diesen meditativen Zustand erleben. In Alltagsmomenten kann höchstes Glücks gepaart mit Wunschlosigkeit einfach so geschehen. Oder bei einem Konzert, getragen von wunderbarer Musik, kann der äußere Rahmen schwinden und Einheit erfahren werden. Auch bei der sexuellen Vereinigung mit einem geliebten Menschen kann es geschehen. Es ist immer und überall möglich, wenn es in uns still geworden ist.

6. Die Einhaltung der geistigen Gesetze ist die Basis für die Meditation. Negative Gefühle sollten nicht aufrechterhalten oder genährt werden. Handlungen sollten stets mit Achtsamkeit vonstatten gehen. Worte sollten voller Liebe und positiv sein.

Meditation: Die Ballonfahrt

Einstimmung: Jede Meditation beginnen Sie mit der Entspannung. Genießen Sie das Gefühl, nichts zu wollen, nichts zu sollen und nichts zu müssen. Sie werden frei und locker. Horchen Sie in sich hinein. Fühlen Sie den Boden, auf dem Sie sitzen.

Spüren Sie, wie Sie getragen werden, ohne dass Sie etwas dazu tun müssen. Sie werden passiv, lassen alles geschehen, was von selbst geschieht. Sie atmen ruhig und entspannt, lassen Ihre Vergangenheit mit jedem Atemzug weiter hinter sich. Sie sind jetzt ganz frei, ruhig und gelöst.

In diesem Zustand kommen Sie zu einem Platz. Dort sehen Sie einen weißen Ballon, der fest mit dem Boden verankert ist. Sie nähern sich diesem Ballon, bis Sie vor ihm stehen.

Nun erkennen Sie einen Regenbogen, der wie ein schützendes Gewölbe den Ballon umhüllt. Dieser leuchtende Halbkreis verbindet Himmel und Erde. Ganz deutlich spüren Sie die Kraft, die von dem Regenbogen ausgeht. Von diesem harmonischen Anblick sind Sie erfüllt.

Sie ruhen in diesem wunderbaren Gefühl, in dieser Schwingung der Natur. Sie fühlen sich leicht und beschwingt. Jetzt konzentrieren Sie sich auf die einzelnen Farben des Regenbogens. Schauen Sie diesen Regenbogen an. Welche Farben können Sie erkennen? Lassen Sie sich Zeit, lassen Sie die Farben einzeln auf sich wirken.

Der Ballon steht für Sie bereit. Sie haben die Möglichkeit, in den Korb zu steigen. Der Einstieg geschieht wie von selbst. Sie werfen einige Ballast-Säcke ab und der Ballon beginnt sich langsam zu bewegen. Sie lassen noch mehr Gewicht ab und steigen höher und höher. Nun können Sie die ganze Gegend unter sich sehen.

Der Ballon schwebt weiter. Der Wind ist herrlich. Die Aussicht grandios. Sie atmen die frische und klare Luft ein. Der Himmel erstrahlt in einem wunderbaren hellen Blau. Sie sehen keine einzige Wolke. Die Sonne mit ihren goldgelben Strahlen wärmt Sie. Sie fühlen sich leicht und beschwingt. Tief ruhen Sie in dieser Zufriedenheit. Sie erfahren die Kraft der Geborgenheit.

Betrachten Sie die Gegend unter sich. Sie können sie klar und deutlich wahrnehmen. Sie sehen Häuser, Menschen, Wälder, Wiesen und Auen. Ihr geistiges Auge nimmt alles auf. Sie sehen immer neue Dinge auf dieser Welt. Ein schneeweißer Vogel schwebt friedlich unter Ihnen und nimmt an Ihrer Ballonfahrt und den Eindrücken, die Sie gewinnen, teil. Sie spüren und sehen, wie dieser schöne Vogel Sie begleitet.

Langsam beginnt der Ballon zu sinken und nähert sich der Erde. In diesem Bewusstsein spüren Sie, wie Sie behutsam auf einer wunderbaren grünen Wiese landen. Sie verlassen den Ballonkorb und genießen das saftige Grün. Nehmen Sie dieses Bild tief in sich auf.

Langsam lösen Sie sich von Ihren Eindrücken und kommen allmählich wieder zurück. Sie kommen in den Augenblick und atmen tief und bewusst durch. Strecken Sie die Arme und Beine von sich. Bewegen Sie den ganzen Körper und wann immer Sie dazu bereit sind, öffnen Sie Ihre Augen.

Orientieren Sie sich in dem Raum, seien Sie wieder ganz bewusst im Hier und Jetzt. Sie fühlen sich frisch und entspannt, Sie sind erfüllt von Harmonie und Leichtigkeit.

Meditation: Der fliegende Teppich

Einstimmung: Jede Meditation beginnen Sie mit der Entspannung. Genießen Sie das Gefühl, nichts zu wollen, nichts zu sollen und nichts zu müssen. Sie werden frei und locker. Horchen Sie in sich hinein. Fühlen Sie den Boden, auf dem Sie sitzen.

Spüren Sie, wie Sie getragen werden, ohne dass Sie etwas dazu tun müssen. Sie werden passiv, lassen alles geschehen, was von selbst geschieht. Sie atmen ruhig und entspannt, lassen Ihre Vergangenheit mit jedem Atemzug weiter hinter sich. Sie sind jetzt ganz frei, ruhig und gelöst.

Nun sehen Sie einen schönen farbigen Teppich vor sich. Er gibt Ihnen Gelegenheit, sich darauf auszuruhen. Sie setzen sich auf den Teppich, fühlen die weiche, angenehme Unterlage. Sie spüren jetzt, wie sich der Teppich langsam vom Boden abhebt. Sie fühlen, wie Sie getragen werden, und lassen es vollumfänglich geschehen. Sie haben volles Vertrauen und behutsam und sicher gleiten Sie durch die Nacht.

Betrachten Sie die helle Nacht. Sehen Sie den silbernen Mond und die Sterne in all ihren Formen und Farben. Sie leuchten und vermitteln Ihnen Geborgenheit. Ein tiefes Wohlgefühl breitet sich aus. Sie nehmen alles wahr, was Sie umgibt. Sie gleiten höher und höher und trotzdem atmen Sie gleichmäßig und ruhig. ES atmet Sie.

Ihr fliegender Teppich gleitet mit Ihnen sanft in die Nacht hinein, in eine immer hellere Atmosphäre. Ganz ruhig und langsam schweben Sie durch einen strahlend blauen Himmel. Der Teppich schwebt weiter und weiter. Sie sehen jetzt die Sonne mit ihrem goldgelben Licht. Die Strahlen der Sonne schenken Ihnen Güte, Liebe und herzhafte Wärme. Sie sind ganz erfüllt von diesem hellen, reinen Licht – die Wärme durchströmt Ihren Körper. Es sind die heilenden Strahlen der Sonne, die Ihr Herz wärmen. Sie sind ganz von diesem Glück erfüllt.

Genießen Sie diese Geborgenheit, solange Sie wollen. Geben Sie sich hin.

Langsam lösen Sie sich von diesem Eindruck. Sanft und leicht gleitet der Teppich mit Ihnen zur Erde zurück. Sie spüren ganz deutlich wieder festen Boden unter den Füßen. Kommen Sie im Hier und Jetzt an. Sie fühlen sich leicht und beschwingt. Sie sind wieder ganz bewusst im Hier und Jetzt. Atmen Sie einige Male tief durch.

Strecken Sie sich und wann immer Sie bereit sind, öffnen Sie die Augen.

Meditation: Der Baum

Einstimmung: Jede Meditation beginnen Sie mit der Entspannung. Genießen Sie das Gefühl, nichts zu wollen, nichts zu sollen und nichts zu müssen. Sie werden frei und locker. Horchen Sie in sich hinein. Fühlen Sie den Boden, auf dem Sie sitzen.

Spüren Sie, wie Sie getragen werden, ohne dass Sie etwas dazu tun müssen. Sie werden passiv, lassen alles geschehen, was von selbst geschieht. Sie atmen ruhig und entspannt, lassen Ihre Vergangenheit mit jedem Atemzug weiter hinter sich. Sie sind jetzt ganz frei, ruhig und gelöst.

Sie kommen zu einer wunderbaren blühenden Wiese. Es ist strahlend schönes Wetter. Sie sehen die Wiese in allen Details vor sich: das satte Grün der Gräser, die bunten Blumen, die sich im Wind wiegen, und diese herrliche Schönheit von Mutter Natur. Sie betrachten den blauen Himmel. Es ist keine Wolke zu sehen. Die Sonne scheint hell und klar.

Die Sonnenstrahlen schenken Ihnen Wärme, die in Ihr Innerstes vordringen und Ihr Herz erleuchten. Sie sind ganz erfüllt von diesem hellen, reinen Licht. Eine unendliche Wärme durchströmt Ihren Körper.

Nun betreten Sie die Wiese und spüren das Gras unter Ihren Füßen. Sie riechen den Duft des frischen Grases und der Blumen. Schmetterlinge in herrlichen Farben fliegen von Blume zu Blume. Alles ist im Lot.

Sie kommen zu ein paar Bäumen. Betrachten Sie diese Bäume und suchen Sie sich einen schönen und kräftigen aus, dessen Wurzeln tief in die Erde gehen. Lassen Sie das harmonische Bild des auserwählten Baumes präsent werden und nehmen

Sie es in sich auf. Ganz deutlich sehen Sie den festen Stamm, die gesunde Rinde und die kräftigen Äste mit den saftig grünen Blättern. Schauen Sie sich die Blättchen genauer an. Vor Ihrem geistigen Auge erkennen Sie die Äderchen in den Blättern und können sehen, wie das Licht zwischen die Blattadern fällt. Sie betrachten die volle Baumkrone und sehen, wie sich Knospen entwickeln und daraus hauchzarte Blüten sprießen.

Lassen Sie sich Zeit, damit Sie auch alles klar und deutlich sehen können. Aus den wunderschönen Blüten reifen langsam Früchte heran. Betrachten Sie die Früchte in ihrer Form und Farbe. Pflücken Sie sich eine schöne Frucht des Baumes und stärken Sie sich damit.

Gestärkt und zufrieden umarmen Sie den Baumstamm. Sie fühlen die wohltuende Kraft, die von dem starken Baum auf Sie überströmt. Atmen Sie tief ein und mit jedem Atemzug vertieft sich die Ruhe. Sie spüren die weiche Rinde.

Die Wärme und die Kraft des Baumes erfüllen Sie. Ruhen Sie eine Weile in dieser Geborgenheit und geben Sie sich ihr vollständig hin.

Nun setzen Sie sich ins frische grüne Gras, lehnen den Rücken an den Baumstamm und genießen die Harmonie. Glücklich betrachten Sie die Gegend. Ihr Blick schweift nah und fern. Wohin Sie auch blicken, überall ist Harmonie und tiefer Frieden. Langsam erheben Sie sich und gehen weiter. Sie kommen zu einem kleinen Bach und knien sich hin. Sie betrachten das Wasser, es ist ganz klar und rein.

Sie erkennen darin Ihr Spiegelbild und sehen, wie glücklich und gesund Sie sind. Mit der offenen Hand schöpfen Sie von diesem Wasser. Sie trinken es mit Genuss und es erfrischt und reinigt Sie durch und durch. Frisch und gestärkt gehen Sie zum großen, starken Baum zurück und betrachten von hier aus nochmals das ganze harmonische Bild. Atmen Sie diese wohltuende Kraft und Harmonie immer wieder ein. Sie fühlen sich glücklich und zufrieden.

Allmählich lösen Sie sich von den schönen Eindrücken und kommen langsam wieder ins Hier und Jetzt zurück. Sie kommen an die Oberfläche und spüren, wie alles Belastende und alle Alltagssorgen entschwunden sind. Sie fühlen sich leicht und beschwingt.

Atmen Sie tief und bewusst durch. Strecken Sie Arme und Beine von sich und bewegen Sie sich. Wenn Sie möchten, öffnen Sie langsam die Augen. Sie fühlen sich wohl.

Immer wenn Sie sich müde und kraftlos fühlen, können Sie durch diese Meditation Kraft schöpfen. Tanken Sie auf, indem Sie den Baum besuchen, den Teppich betreten oder die Ballonfahrt starten.

Die Natur schenkt Ihnen Zufriedenheit und Harmonie. Sie stärkt Ihre Seele, Ihren Geist und Ihren Körper und holt Sie in den Augenblick zurück.

Nachwort

Durch verschiedene Entspannungstechniken, die AT zu bieten hat, finden Sie Zugang zu sich selbst. Dadurch eröffnen Sie sich eine Quelle tiefer Lebensfreude. Gleichzeitig können Sie Ihre Gesundheit durch praktische Übungen verbessern und über den Weg der Selbsterkenntnis Blockaden den Boden entziehen. Nehmen Sie sich AT zu Herzen und vor allem nehmen Sie dieses wertvolle »Begleitbuch« immer wieder zur Hand.

AT ist keine strikte Übung, es ist viel mehr als das. Es geht »nicht nur« um eine körperliche Entspannung, sondern vor allem um die geistige Einstellung, die unerlässlich für ein erfülltes Leben ist. Schlussendlich hilft Ihnen das Buch dabei, zu sich selbst zu finden und zu dem zu werden, der Sie in Wirklichkeit sind.

Gehen Sie es langsam an und wenden Sie sich Ihrer Innerlichkeit zu. Sie wartet seit Langem darauf, dass sie sich ausdehnen darf.

Sollten wir immer nur den vergänglichen Dingen im Leben unsere Aufmerksamkeit schenken?

Ist es nicht an der Zeit, über das hinauszugehen und wirklich in sich anzukommen?

Wann beginnen wir zu leben?

»Das Leben ist nie etwas –
es ist nur die Gelegenheit zu etwas.«
Friedrich Hebbel

Im Buchhandel und Internet finden Sie stets brand-aktuelle Themen, sowie zeitlose Wissensschätze von *Kurt Tepperwein!*

Folgende Bücher und E-Books können Sie direkt über den BoD-Verlag (www.bod.de/www.bod.ch) detailliert einsehen, bevor Sie sich für Ihr Wunschthema entscheiden:

- Ab heute bin ich frei!
- Bäume ausreißen! – Trainingsheft für mehr Motivation
- Berufskrise ade! – Frei sein von Arbeitssucht, Stress, Burn-out, Mobbing, Innerer Kündigung und Arbeitslosigkeit Bewusstseinssprung in eine neue Dimension
- Blinddate mit Magen und Darm
- Bring Farbe in dein Leben mit Dankbarkeit
- Bring Farbe in dein Leben mit einem einfachen Lächeln
- Bring Farbe in dein Leben mit Heiterkeit
- Bring Farbe in dein Leben mit Herzensfülle
- Bring Farbe in dein Leben mit Hingabe pur
- Bring Farbe in dein Leben mit Liebesweisheit
- Bring Farbe in dein Leben mit Seelenkraft
- Bring Farbe in dein Leben mit Stille in dir
- Bring Farbe in dein Leben mit Wertschätzung
- Bring Farbe in dein Leben mit Zeitlosigkeit
- Das Buch der Erfolgsgesetze
- Die hohe Schule des Lebens
- Die Kunst mühelosen Lernens
- Die Praxis der geistigen Gesetze
- Die Renaissance der Frauenpower – 7 Schritte zur Liebesfähigkeit
- Du bist wie du bist!
- Ein Leben ohne Ängste und Sorgen? – Trainingsheft für mehr Lebensqualität
- Einfach nur schön
- Endlich wieder FIT! – Trainingsheft zur Gesunderhaltung
- Erwachen zum wahren Sein
- Folge deinem Leitstern
- Frau sein – ganz sein, Mentaltraining für eine neue Weiblichkeit
- Geistheilung durch sich selbst
- Gelassenheit
- Gelebte Achtsamkeit

- Gestalte dein Leben einfach neu! – Energetischer Impulsgeber zum Thema Alltagsführung
- Gesund für immer
- Glaube an Dich!
- Glücks-Gesetze
- GoldenWay Edition: Das Leben als Einweihungsweg
- GoldenWay Edition: Ihr Zauberstab Gedankenkraft
- Hilf dir selbst. Sei du selbst. Gesunde!
- Kausal-Training
- Leben im Überfluss. Die Zukunft selbst bestimmen
- Leben in der Gegenwart der Engel
- Liebst du mich auch? Energetischer Impulsgeber zum Thema Partnerschaft
- Nie mehr ärgern, bewusster leben
- Nie oder Jetzt! Aufbruch zur wahren Identität
- Out-Burn, Burn-out umkehren. Der Ausweg aus der Erschöpfungsfalle.
- Perlen der Weisheit
- Probleme adieu! Trainingsheft zur Konfliktbesänftigung
- Schreib Dein Leben um
- Selbstbewusst durchs Leben! – Energetischer Impulsgeber zum Selbstwert und Sicherheit
- Selbstheilungskräfte aktivieren
- Sinnfindung leicht gemacht! – Energetischer Impulsgeber zum Thema Bewusstwerdung
- Tepperwein Magazin der neuen Generation
- Tepperwein Magazin der neuen Generation 2
- Tepperwein Magazin: Wünsche & Träume mit Mental-Training verwirklichen
- Von der Angst zur Lebensfreude
- Wahre Freundschaft: Tierisch echt!
- Was wünscht du dir vom Leben?
- WEIH-NACHTEN
- Willkommen in der Leichtigkeit
- Willst du erfolgreich sein? – Leitfaden zu Reichtum und Erfolg
- Wunder vollbringen durch schöpferische Imagination
- Zeit halt, stehengeblieben! – Trainingsheft für ein gutes Zeitmanagement